中等专业学校建筑经济与管理专业系列教材

公共关系基础

张鸣　罗宗科　主编
攀枝花市建筑工程学校　阙明　李文静
　　　　　　　　　　　李强　王娟　编

四川省建筑工程学校　林升乐　主审

中国建筑工业出版社

图书在版编目（CIP）数据

公共关系基础/张鸣，罗宗科主编．—北京：中国建筑工业出版社，2000.12

中等专业学校建筑经济与管理专业系列教材

ISBN 7-112-04198-8

Ⅰ．公… Ⅱ．①张…②罗… Ⅲ．公共关系学-专业学校-教材 Ⅳ．C912.3

中国版本图书馆 CIP 数据核字（2000）第 35579 号

本书是根据中等专业学校公共关系基础教学大纲编写的，经建设部中等专业学校建筑与房地产经济管理专业指导委员会评审推荐。

本书内容包括：公共关系概述，公共关系机构和人员，公共关系工作程序，企业文化，公共关系策划，公共关系礼仪，公共关系技术，公共关系专题活动，公共关系与 CI，公共关系案例。本书着重讲述了公共关系学的基本理论及实用技术。每章后附有复习思考题和公关模拟题。

本书可作为中专学校、职工中专、党校、函大、电大教材，也可作为干部和职工的培训教材和自学参考书。

中等专业学校建筑经济与管理专业系列教材

公 共 关 系 基 础

张鸣 罗宗科 主编

攀枝花市建筑工程学校 阙明 李文静 编
李强 王娟

四川省建筑工程学校 林升乐 主审

*

中国建筑工业出版社出版（北京西郊百万庄）
新华书店总店科技发行所发行
北京市彩桥印刷厂印刷

*

开本：787×1092 毫米 1/16 印张：10 字数：240 千字
2000 年 12 月第一版 2000 年 12 月第一次印刷
印数：1—3000 册 定价：13.40 元
ISBN 7-112-04198-8
G·326（9679）

版权所有 翻印必究
如有印装质量问题，可寄本社退换
（邮政编码 100037）

前言

本教材是根据中等专业学校建筑经济与管理专业的"教育标准"、"培养方案"和本课程的教学大纲编写的。

本教材共分十章,包括:公共关系概述,公共关系机构和人员,公共关系工作程序,企业文化,公共关系策划,公共关系礼仪,公共关系技术,公共关系专题活动,公共关系与CI,公共关系案例。在编写中,着眼于中等职业素质教育,坚持从教学的实际需要出发,力求体系完整,内容充实,结构清晰,语言精炼,例证贴切,适合中专学生阅读。

本教材由攀枝花市建筑工程学校张鸣、罗宗科主编,第二章由张鸣编写,第一、四、八、十章由张鸣、罗宗科、阙明编写,第五、六章由罗宗科编写,第三章由李文静编写,第七章由李强、王娟编写,第九章由阙明编写。

本教材由四川省建筑工程学校林升乐主审,对书稿提出了许多宝贵意见,在此致以衷心的感谢。

由于编写时间及编者的水平所限,本教材难免有疏漏之处,望读者给予批评指正。

目 录

第一章　公共关系概述 ·· 1
　　第一节　公共关系的涵义 ··· 1
　　第二节　公共关系的特征 ··· 4
　　第三节　公共关系的对象 ··· 5
　　第四节　公共关系的职能 ··· 10
　　第五节　公共关系与经营管理 ·· 12
　　复习思考题 ·· 13
第二章　公共关系机构和人员 ··· 14
　　第一节　公共关系机构 ··· 14
　　第二节　公共关系人员的素质与培养 ·· 19
　　复习思考题 ·· 26
第三章　公共关系工作程序 ·· 27
　　第一节　公共关系调查 ··· 27
　　第二节　制订计划与方案 ·· 33
　　第三节　计划方案的实施 ·· 38
　　第四节　公共关系效果评估 ··· 41
　　复习思考题 ·· 43
第四章　企业文化 ··· 44
　　第一节　企业文化的涵义 ·· 44
　　第二节　企业文化的特点和作用 ·· 46
　　第三节　企业文化的培育 ·· 48
　　复习思考题 ·· 52
第五章　公共关系策划 ·· 53
　　第一节　公共关系策划的实质和意义 ··· 53
　　第二节　公共关系策划的主要内容及类型 ·· 56
　　第三节　公共关系策划的基本要求 ·· 60
　　第四节　公共关系策划的程序 ··· 62
　　复习思考题 ·· 66
第六章　公共关系礼仪 ·· 67
　　第一节　礼仪概述 ··· 67
　　第二节　日常交际礼节 ··· 69
　　第三节　日常接待 ··· 74
　　第四节　交际活动与仪表 ·· 78
　　复习思考题 ·· 85
第七章　公共关系文书 ·· 86

第一节　公关与公文 ··· 86
　　第二节　常用文书的写作方法 ··· 89
　　第三节　公关广告 ··· 94
　　第四节　公关简报 ··· 99
　　第五节　新闻稿 ··· 102
　　复习思考题 ··· 108

第八章　公共关系专题活动 ··· 109
　　第一节　展览会 ··· 109
　　第二节　赞助社会活动 ·· 111
　　第三节　庆典活动 ·· 112
　　第四节　记者招待会 ··· 114
　　第五节　宴请 ·· 116
　　第六节　其他专题活动 ·· 120
　　复习思考题 ··· 124

第九章　公共关系与CI ·· 125
　　第一节　CI概述 ··· 125
　　第二节　CI策划和程序 ·· 129
　　第三节　企业系统形象策划 ··· 134
　　复习思考题 ··· 142

第十章　公关案例 ·· 144
　　复习思考题 ··· 152

第一章 公共关系概述

公共关系学是本世纪初兴起的一门新兴的综合性应用学科。作为一门独立完整的学科，有其自身的概念、要素、特征和研究对象，这些问题不仅使这门学科有其存在和研究的必要，而且决定了该学科的总体框架。本章将在以下各节中分别阐述公共关系学的最基本的理论问题。

第一节 公共关系的涵义

一、公共关系的定义

"公共关系"一词源于英文"Public Relations"，缩写为"PR"。译成中文原意是"公众关系"，简称"公关"。

了解国内外对公共关系的不同定义，有助于我们全面理解、把握公共关系理论。

（一）国外有代表性的公共关系定义

（1）国际公共关系协会关于公共关系的定义：公共关系是一种管理职能，它具有连续性和计划性。通过公共关系，公立的和私人的组织、机构试图赢得同他们有关的人们的理解、同情和支持。

（2）英国公共关系协会对公共关系的定义：公共关系活动是为了建立和保持组织与其公众之间的相互理解而进行的审慎的、有计划的和连续不断的活动。

（3）1978年8月在墨西哥城，世界公共关系协会大会的定义：公共关系的实施是一门艺术和科学，它分析趋势，预测后果，为组织领导者提供咨询，并执行一系列有计划的既为组织又为公众利益服务的行动方案。

（4）英国公共关系专家杰夫金斯对公共关系下的定义：精心准备、按照计划并持续不断地努力建立和保持某个组织和它所面向的公众之间的相互理解。

（5）美国公共关系协会征询了两千多名公共关系专家的意见，从中选出了四种公共关系定义：①公共关系是企业管理机构经过自我检讨与改进后，将其态度公诸社会，借以获得顾客、员工及社会的好感和了解的经常不断的工作。②首先，公共关系是一个人或一个社会组织为获取大众之信任与好感，借以迎合大众之兴趣而调整其政策与服务方针的一种经常不断的工作；其次，公共关系是对此种已调整的政策与服务方针加以说明，以获取大众了解与欢迎的一种工作。③公共关系是一门技术。该技术在于激发大众对于任何一个人或一个组织的了解并产生信任。④公共关系是工商管理机构用以测验大众态度，检查本企业的政策与服务方针是否得到大众的了解与欢迎的一种职能。

（二）国内有代表性的公共关系定义

（1）台湾的公共关系专家祝振华提出：公共关系学，是以促进了解为基础，内求团结，外求发展的管理哲学。

（2）复旦大学居安延在《公共关系学导论》中下的定义：公共关系是一个社会组织运用传播手段使自己与公众相互了解和相互适应的一种活动或职能。

（3）毛经权主编的《公共关系学》中所下的定义：公共关系是一个组织运用传播手段，在组织与社会公众之间建立相互了解和信赖的关系，并通过双向的信息交流，在社会公众中树立起良好的形象和声誉，以取得理解、支持与合作，从而有利于促进组织本身目标的实现。

（4）中国社会科学研究所明安香在《公共关系——塑造形象的艺术》一书中给公共关系下的定义：公共关系是用传播手段塑造组织自身良好形象的艺术。

（5）中国社会科学院新闻研究所公共关系课题组下的定义：所谓公共关系，就是一个企业或组织，为了增进内部及社会公众的信任与支持，为自身事业发展创造最佳的社会关系环境，在分析和处理自身面临的各种内部和外部关系时，采取一系列科学的政策与行动。

除了上述这些严格的定义外，在公共关系实践活动中还产生了一些通俗易懂的表达：

——公共关系就是争取对你有用的朋友。

——公共关系就是帮助一个机构和公众的沟通。

——公共关系就是讨公众喜欢。

——公共关系就是促进善意。

——公共关系就是说服公众的技术。

——公共关系是百分之九十靠自己做得对，百分之十靠宣传。

——公共关系是信与爱的运动。

……

由上所举，可以看出公共关系的定义十分繁多，角度不同、侧重点不同，所下的定义也就不同。对公共关系的定义，我们可以这样来理解：所谓公共关系，是一个社会组织为了促进相关的公众对它的理解、合作和支持，而采取的一系列有计划的努力和活动。

二、公共关系的涵义

"公共关系"，在英文原意中，有多种涵义，其中主要有三重涵义，即：公共关系状态、公共关系活动和公共关系学。

（一）公共关系状态

公共关系状态是指社会组织所处的社会关系状态和社会舆论状态，即社会组织在公众心目中形象的总和。社会关系状态指一个组织与其相关公众之间联系的程度；社会舆论状态是指对一个组织公众舆论的反映程度。任何社会组织都会处于一种公共关系状态，如社会组织知名度与美誉度的高低、与公众的关系是好还是坏等。大体上，我们可以从良好或不良、自觉或自然两种角度剖析组织的公共关系状态。一个组织所追求的，应当是自觉的良好的公共关系状态。

所谓良好的公共关系状态，是指社会组织赢得公众的支持和信赖的境况，具有良好的组织形象。这说明组织处于有利的公共关系状态，这是组织生存和发展的基础，也是一种无形的财富。相反，不良的公共关系状态说明组织形象欠佳，不能得到公众的支持与信赖。这种公共关系状态如不及时纠正，将对社会组织造成危害。

所谓自觉的公共关系状态，是指社会组织通过有意识地开展一系列的公共关系活动而获得的组织形象，可称之为积极的公共关系状态。而自然的公共关系状态则是指社会组织在无为的情况下自然而然地获得的组织形象，可称之为消极的公共关系状态。

（二）公共关系活动

公共关系活动是指社会组织为建立自身的良好组织形象而从事的各种活动。主要包括组织协调、沟通、传播等。通常情况下，这种活动可分为以下几个方面：

1. 有意识的公共关系活动和无意识的公共关系活动

有意识的公共关系活动是在公共关系理论的指导下，有明确的目的，有计划、有组织地开展公共关系活动；无意识的公共关系活动则是缺乏公共关系理论指导，没有明确目的，没有科学组织和系统计划的公共关系行为。

2. 单一的公共关系活动和系列的公共关系活动

单一的公共关系活动指目标单一、规模较小、运作方式独立的公共关系活动；系列的公共关系活动指通过一系列的公共关系活动，达到公共关系目的。前者一般由组织内部的公共关系部门承担，后者一般由公共关系部门或公共关系公司共同组织实施。

3. 兼及的公共关系活动和专门的公共关系活动

兼及的公共关系活动指不由公共关系机构和公共关系专业人员进行，只是在组织日常业务中，兼顾了的公共关系活动；专门的公共关系活动则指由专门公共关系机构和公共关系专业人员所从事的公共关系活动。

（三）公共关系学

公共关系学作为一门独立的学科，有自己完整的学科体系，有完整的研究内容、任务和方法。

1. 公共关系学研究的主要内容

一般理论研究：研究公共关系学的概念，公共关系学的功能、机构、人员、公众、手段等。

相关理论研究：研究公共关系学在学科群中的地位及学科间的相互渗透问题。

公共关系史研究：研究公共关系理论与实践的发生、发展以及逐步完善的过程。

公共关系活动研究：研究公共关系的具体运作过程。

分类研究：研究不同的社会组织或同一社会组织面对不同公众开展公共关系活动的特定方式与方法。

2. 公共关系学的任务

公共关系学的研究，是为了弄清理论、指导实践、培养人才、服务社会。

3. 公共关系学的研究方法

公共关系学的研究，从方法论角度讲，主要有经验方法、实验方法和测验方法三种。通过这些方法来总结概括理论，探讨公共关系活动的内在规律。

三、公共关系的构成要素

公共关系是社会组织通过信息传播手段，从而与各类公众建立良好关系的社会交往形式，它主要由组织、公众和传播三个基本要素构成。

（一）社会组织——公共关系主体

社会组织是指执行一定的社会职能，完成特定的工作目标，构成一个独立单位的社会群体。它由组织目标、组织规模和组织管理结构等要素构成。

社会组织的运行是在一定的现实条件和环境下进行的，在运行过程中必须妥善处理同各个方面的关系，使其在社会环境中建立起良好的声誉、地位和形象，处于良性运转之中。

（二）公众——公共关系客体

公众是公共关系活动的对象，是公共关系中最重要和使用频率最高的概念之一。公众对社会组织的生存、发展具有实际的或潜在的利害关系。不同的社会组织有不同的公众。随着社会的发展，公众对社会组织的影响和制约越来越大，有关公众的内容将在本章第三节作详细介绍。

（三）传播——公共关系中介要素

所谓传播是指社会组织与公众之间的一种信息交流活动。公共关系主体与客体之间的相互作用是通过传播媒介沟通的，传播是连接公共关系主体和客体的桥梁，公共关系的过程就是一个传播的过程、信息交流的过程。

公共关系活动利用的传播方式主要有四种类型，即：人际传播、大众传播、组织传播和其他方式传播。

公共关系的三要素既是相互联系，又是相互制约的，一切公共关系活动所追求的都是这三要素的最优化组合，使得三要素统一协调。公共关系的主体必须能动地发挥主导作用，使得三要素不断地趋于和谐，创造良好的公共关系状态，塑造良好的组织形象。

第二节　公共关系的特征

公共关系作为一种现代的科学管理方法，有其自己独有的特点。

一、以公众为对象

公共关系是社会组织与各有关公众的社会关系，是群体关系，而不是私人、个人关系。公共关系发展如何，直接影响社会组织的生存和发展。任何社会组织要在社会中生存和发展，就必须科学地分析与处理各种有关的社会关系，为事业的发展创造最佳的社会环境，以保证事业的成功。公共关系活动的策划者和实施者必须始终将公众认作自己的"上帝"。

二、以美誉为目标

公关活动要为组织树立良好的形象和声誉服务，也就是为组织建立成功的人缘关系、和谐融洽的人事气氛、最佳的社会舆论，以赢得社会相关公众的理解、信任、支持与合作。搞好公共关系的目的是为了使组织拥有良好的声誉，以利于组织的生存和发展。塑造良好组织形象是公共关系的核心问题，组织形象的美化，是公共关系活动追求的效果，是每一个社会组织所向往的。

三、以真诚为信条

公共关系活动要奉行"真诚"的信条。社会组织必须为自己塑造一个诚实的形象，才能取信于公众，传播活动中也必须贯彻"真诚"的精神。任何失真、虚假的信息传播，都会损害组织的形象。唯有真诚，才能赢得广泛的合作。因此我们说，真诚是公共关系的信条。

四、以互惠为原则

公共关系不是以血缘、地缘为基础，而是以一定的利益关系为基础的。组织的公众对象都是与组织目标具有一定利益关系的个人、组织和群体，如果不以平等互利这一原则来处理这种以一定利益为纽带的双方关系，而是以一定利益为中心，损害对方利益，那么无论是巧取还是豪夺，无论是诱使还是迫使对方服从自己的利益，都不会有巩固和持久的公共关系。作为一个社会组织，在发展过程中既要体现本组织目标，又要让公众受益，这样才能使合作长久。所以，必须奉行互惠的原则。

五、以沟通为手段

人类的沟通活动是一种通过用口头的、书面的或其他方式发出和收取信息，进行意义交换的螺旋式过程。如果没有沟通，公共关系主、客体之间的关系就不会存在，社会组织的美誉也无从产生，互惠互利也将成为一句空话。要将公共关系目标和计划付诸实施，离不开沟通手段。

六、以长期性、战略性、持久性为基本方针

社会组织良好的形象和声誉，并非一朝一夕就能树立于公众之中，公共关系亦非急功近利之举。而且，社会组织在发展过程中还可能出现反复和曲折，这也会使形象和声誉常常出现"回潮"。社会组织要搞好公共关系，一定要有长期计划，坚持不懈的努力，从一点一滴螺旋式地积累，才有可能在公众心目中塑造出良好的组织形象。因此，公共关系活动必须着眼于长期性、战略性和持久性。

第三节 公共关系的对象

公众是公共关系学中一个十分重要的概念，它既是公共关系的三要素之一，也是开展公共关系工作的唯一对象，离开了公众，公共关系就无法存在。

一、公众的涵义和特征

（一）公众的涵义

对于公众一词，人们都不陌生。一提到公众，人们往往会想到汇集到商店购物的人群，旅行社接待的游客，房产开发商面对的住户以及企业内部的全体员工等等，这些都是一个组织所面临的公众。由此可见，组织面临的公众是一个复杂的群体。

那么，公共关系学中的公众涵义究竟是什么呢？我们认为：所谓公众是与一定的社会组织互相影响、互相作用、面临共同问题，与组织构成利益关系的群体或个人。

公众的这一概念告诉我们：第一，公众必须要与组织有联系，这样才能构成互动关系，公众的意见和行为对组织的生存和发展具有影响力，反过来说，组织的行动对公众也具有影响力。第二，公众是一个十分复杂的综合体，这一复杂性表现在：在构成公众的集合体中既有一般的群体，也有社会团体，同时还有若干零散的个体；从公众的类型上看，无论是群体还是个体，这些公众的年龄不同，身份地位高低有别，性格气质各异，需求欲望也相差甚远。第三，公众既然是组织的公众，那么不同的组织就有各自不同的公众。社会组织的性质、结构、功能的多样性，形成了组织的多样性。根据组织的社会性质来看，社会组织大体可以分为经济组织、政治组织和文化组织。这三类组织都有自己不同的公众对象。

（二）公众的特征

作为公共关系工作对象的公众，主要有以下四个特征：

1. 同质性

同质性是指公众因面临的共同问题而聚集在一起，这些共同的问题使他们从不属于某一个社会群体和社会组织到成为一个组织的公众。比如，表面上看相互间并没有联系的许多个人或团体,因为同处一个社区,都面临着某施工企业夜间施工带来噪声污染的威胁,即遇到了共同问题,从而使他们的态度和行为具有内在联系,不约而同地或者有组织地针对该施工企业构成一定的公众压力、舆论压力。而这些团体和个人以前并不完全从属于某一个共同组织。

公众的同质性告诉我们,公共关系中的公众总是具体的可以量化的,如果不存在一定时期内可以确定的公众,那么公共关系也就无法存在了,公众的同质性从根本上把公众与大众和群体两个概念区别开来。

2. 群体性

组织面临的公众是一个群体,虽然这个群体是由个体组成,但组织开展公共关系活动不仅仅是面对一两个人。组织的公众就是组织生存发展的社会环境。这种社会环境包括社会关系和社会舆论,其涵盖面非常广。在开展公共关系工作时,应该把组织面临的公众看成是一个整体,用全面系统的观点来分析自己面临的公众。

3. 变动性

组织面对的公众始终存在于一个开放的系统之中,同时也始终处于变化的过程中,某个人或某个社会群体今天是这个社会组织的公众,明天可能就不是了,后天又可能变成另一个组织的公众。这些公众在数量上、成份上随组织状态的变化或时间场合的变化而变化,由于公众的形成取决于共同问题的出现,因此,公众存在时间的长短,完全是由问题存在时间的长短来决定的。

4. 多样性

公众既然是一个复杂的集合体,它存在的形式也就是多样的。既可以以个人的形式存在,也可以以群体的形式存在,个体与群体之间是相互渗透的。在某一种情形中表现为个体,而在另一种情形中则表现为群体。比如消费者公众,可以是松散的个体形式,也可以在消费者委员会中形成一个特殊的利益团体,还可能是一个严密的组织,如政府机构。公众的多样性还表现在需求层次的多样性上,由于公众的类别不同,活动方式不同,其需求也呈多样性的状态。

二、公众的分类

由于组织选择公众的标准不同,因此,公众可以分为以下几类:

1. 按公众与组织的内外关系分,公众可分为内部公众和外部公众

内部公众是指组织内部的成员,它包括员工、员工家属和股东。内部公众与组织的关系最为密切和直接,它们对组织的影响最大,这就是说,内部公众是公共关系的重要对象之一。组织的公共关系工作总是从协调内部关系开始的。内部公共关系是整个公共关系的基础和前提,只有组织内部上下左右关系融洽协调,全体员工团结一致齐心合作,才能成功地"外求发展"。

外部公众是指组织以外并同组织在经济业务、外事往来等方面有密切联系的公众。一个组织的外部公众是比较复杂的,它的范围很广,主要有四类:一是消费者,它不仅指工商业的顾客、消费者,还指一切社会组织的服务对象,它既包括物质产品的购买者,也包括精神产品的接受者。二是社区公众,它是指组织生活所在区域的地方政府、其他社团和居民。社区公众是组织的"邻居",与组织有着千丝万缕的联系。三是新闻界公众,它既指作为社会组织的报纸、杂志、电台和电视台,也指在这些组织工作的记者、编辑人员。任

何组织要想得到社会舆论的支持，都必须同新闻传播媒介搞好关系。四是政府公众，政府即国家行政机关，它行使对社会进行统一管理的职能，任何一个组织都必须服从政府的管理，都存在着与政府的关系。

2. 按公众对组织的重要程度，公众可以分为首要公众和次要公众

首要公众是指组织最重要的公众，它关系到组织的生死存亡，决定组织工作的成败。如组织内部的员工、股东，房产开发公司的消费者，物业管理公司的业主等。由于首要公众的态度直接影响到组织的前途，所有的组织在开展公关工作时，都集中人力、物力、财力来维持和改善同首要公众之间的关系。

次要公众是指那些对组织的生存和发展有一定影响，但没有决定性意义的公众。它对组织的生存发展不直接产生影响，但他们可以通过各种手段间接地制约组织的发展。一个组织仅仅做好首要公众的工作是不够的，还要努力协调好与次要公众的关系。但是首要和次要之间的划分只是相对的，而且两者之间也可以相互转化，今天的首要公众可能在明天成为次要公众。

3. 按公众发展的过程分，公众可以分为非公众、潜在公众、知晓公众和行动公众

非公众是指一部分团体或个人不受组织的任何影响，同时他们的行为也不影响组织。事实上，在一个组织所处的环境中，常常存在这样一些社会群体，在一定的时空条件下，既不受组织行为影响，又不对组织产生任何后果，如一家机床厂可以看成是物业管理公司的非公众。排除自己组织的非公众，可以减少公共关系工作的盲目性，避免不必要的浪费。

潜在公众是指由于潜在的公共关系问题而形成的潜伏公众或未来公众。即某一社会群体面临着组织行为或环境引起的某个潜在问题，由于这个问题还没有充分显露，或这些公众本身还没有意识到问题的存在，因此，他们与组织的关系还处于潜伏状态。

知晓公众是由潜在公众发展而来的，当某一群体或个人面临组织行为引起的共同问题，而他们本身已经意识到这种问题的存在时，就成了知晓公众。知晓公众迫切需要进一步了解与该问题有关的所有信息，甚至开始向组织提出有关权益要求。作为组织，知晓公众一旦形成，就应精心策划公共关系活动，采取积极的态度，及时沟通，主动传播，满足公众要求被告知的心情，使公众对组织产生信赖感，这对于主动控制舆论局势非常重要。

行动公众是知晓公众发展的结果，行动公众已经知晓问题的存在，并正准备或已经采取某种行动，对组织施加压力，迫使组织采取相应行动，面对行动公众，除了采取相应的行动外，别无选择。行动公众的形成可以对组织的生存发展构成直接威胁，对他们开展公共关系难度更大。

4. 按公众对组织的态度分，公众可分为顺意公众、逆意公众、边缘公众

顺意公众指那些对组织的政策、行为和产品持赞成意向和支持态度的公众。顺意公众对组织的发展很重要，他们的意见、态度和行动对组织的目标和活动具有至关重要的意义，而且这类公众对组织比较了解，他们对组织是持积极的支持态度的。

逆意公众是指对组织的政策、行为或产品持否定意见和反对态度的公众。逆意公众的形成主要是组织在利益上与公众发生了冲突。对待逆意公众，组织首先要了解逆意公众产生的原因，根据具体问题采取必要的措施，尽可能改变他们的态度。

边缘公众是指对组织的政策、行为和产品持中间态度或者态度、观点不明朗的公众。如某些顾客对具体的企业和产品既无好感，也无敌意，对组织开展的工作既不支持，也不反

对，这样的公众是组织争取的对象。对组织无敌意完全可以转变为对组织有好感，对组织不反对完全可以转变为支持和帮助组织。

5. 按组织对公众的态度，公众可以分为受欢迎的公众、被追求的公众和不受欢迎的公众

受欢迎的公众指完全迎合组织的需要并主动对组织表示兴趣和交往意向的公众。组织对这类公众也抱有指望，由于双方都采取主动的态度，沟通一般比较顺利。

被追求的公众是指很符合组织的利益和需要，但对组织却不感兴趣、缺乏交往意愿的公众。这类公众组织非常需要与他们交往沟通，但他们却不一定愿意接近组织，组织希望与他们建立关系来扩大影响，但不容易，这就需要组织去主动追求，想方设法建立沟通的渠道，讲究交往的艺术，把握交往的时机。

不受欢迎的公众是指对组织一厢情愿地追求，而组织又力图躲避的公众。这类公众抱着既定的目的来接近组织，对组织造成一定的负担，或者对组织表示出一种不友好的意向或交往行为。对这类公众，组织也要处理好与他们的关系，不能采取简单的方法来回避他们，在交往中应与他们保持适当的距离。

6. 按公众的稳定程度分，公众可分为稳定公众、临时公众和周期公众

稳定公众是指由于兴趣、嗜好、习惯等的影响，比较集中地与某些组织、社团、商店等保持稳定联系的老主顾、合作伙伴、社区人士等。稳定公众是组织的基本公众，组织往往会对稳定公众采取额外的优惠政策和特殊的保证措施，以示亲密关系。

临时公众是指因某一临时因素、偶发事件或专题活动而形成的公众。临时公众往往会给组织的公关活动造成一定的压力。所以每次公关活动计划都要有应付可能出现的紧急情况的对策。

周期公众是指按一定规律和周期出现的公众。这类公众一般有明确的目标和需求，活动的时间和地点也比较有规律，对这类公众开展公关活动的计划可以在事先就制定得比较周密。

三、基本的目标公众分析

（一）员工关系

员工关系指企业内部管理过程中形成的人事关系，是最重要的内部公共关系。因为员工是组织赖以生存发展的基础，组织的一切方针、政策、计划、措施都需要得到员工的支持，才能付诸实施。所以说员工关系是公共关系的起点。

1. 处理好员工关系可以增强内部的凝聚力和亲和力

一个组织在运作之前，首先就要面对自己的全体员工，当组织在"外求发展"之时，还必须获得员工的认可。所以，一个组织成功的公共关系，不仅仅是指组织在外部树立了良好的形象，同时也指组织内部上下左右的关系达到融洽的状态。要使内部关系达到融洽的"人和"目的，首先就要有对员工重视的意识，要尊重员工的个人价值。尊重员工的个人价值是激发员工主人翁责任感，使员工将自己作为组织一员的"个人价值"与组织的"团体价值"融洽在一起的关键。只有员工个人价值受到重视，他才可能自觉地与组织同呼吸共命运，才可能使组织形成强大的凝聚力。

2. 处理好员工关系可以树立组织对外的公关形象

员工处于对外公共关系的第一线，他们是组织与外部公众接触的触角。他们的一言一

行都代表着组织,代表着整体,反映了组织的态度,都在向外界做广告,都在有意无意地做公共关系工作。一个组织的公共关系工作,不仅仅是这个组织的公关部门的事情。如果本组织的内部公众没有处理好,公关人员再有能耐和才华也无法搞好公关工作。所以,处理好内部员工的关系对于树立组织良好的外部形象有着事半功倍的效果。

(二)顾客关系

顾客关系是指企业与企业产品或服务的购买者、消费者之间的关系。顾客是组织外部最重要的公众,关系到组织的目标实现及其生存发展。美国的企业公共关系专家加瑞特曾说过一句话:"无论大小企业都必须永远按照下述信念来计划自己的方向。这个信念就是:企业要为消费者所有,为消费者所想。"

1. 良好的顾客关系是企业生存与发展的首要条件

在社会主义市场经济条件下,企业与顾客的关系可以看成是"唇齿相依"、"共存共荣"的关系。从企业的角度来说,如果失去了顾客,也就失去了企业存在的价值和可能。因此,顾客的需求就是一切企业活动的出发点。如果一个企业不顾顾客的需要盲目生产,就会失去市场;如果顾客拒绝使用或者购买某个企业提供的产品和服务,这个企业就会倒闭、破产。在商品经济发达的社会中,任何企业都会把顾客当作"上帝",把"顾客第一"作为自己经营的基本宗旨。

2. 处理顾客关系的方法

第一,建立信誉。企业提供优质的产品和优良的服务,是建立企业信誉的基础。企业的信誉并非来自企业的自我评价,而是取决于企业公众的印象和评价,是企业的顾客在购买和使用企业的产品,接受企业服务过程中心理体验的结果。建立信誉的过程是不断提高产品质量、不断创新的过程,也是不断竞争、赢得顾客支持的过程。

第二,沟通信息。与顾客进行信息的双向沟通可以引导消费,同时也可以把顾客的愿望和意见反馈给组织,改进产品的质量,提高服务的档次,传达组织的信息,进行消费教育,这些是组织赢得顾客理解和好感的重要措施。传达组织的信息主要是让顾客对组织有全面的了解,向顾客介绍组织的方针、政策、服务方式,及介绍产品新技术等。

(三)新闻界关系

新闻界关系是组织与新闻机构和新闻界人士的关系。在公共关系中,新闻界公众是最重要的公众之一,又是组织的一个特殊的公众。凡是有眼光的企业,都愿意与新闻界建立良好的关系,利用新闻界与自己的各界公众建立广泛的沟通网络,为自己树立良好的社会形象。

1. 与新闻界建立关系的意义

第一,新闻界左右社会舆论。人们常把记者称之为"无冕之王",主要是说记者笔下的新闻力量不可低估。新闻可以影响和操纵社会舆论,它可以使一个组织美名传扬,也可以使一个组织信誉扫地。新闻媒介的影响力是其他任何组织无法比拟的。组织要有效地在公众心目中树立良好的形象,形成有利于组织生存发展的舆论环境,就要很好地借助新闻媒介。古人说,言,可以兴邦,亦可以丧国,就是这个道理。

第二,新闻界可以提高组织的公关效率。新闻界由于自身的性质,它的覆盖面极广,联系的公众最为广泛,传播信息的速度最快,使得公共关系与之结下了不解之缘。一方面,公共关系必须利用新闻传播工具,才能有效地、迅速地形成有利的社会舆论,为组织塑造形象;另一方面,新闻界要与各社会组织建立广泛的社会联系,从各组织的公关部门了解组织信息,发掘出有价值的新闻和报道。所以,组织与新闻界互为中介,互相需要,组织应充分利用这样一种关系,提高公关工作的效率。

2. 与新闻界交往的方法

一是熟悉新闻工作的特点,首先要熟悉不同传播媒介的特点。其次要熟悉新闻写作的特点,不同媒介的新闻稿有不同的写作要求。二是诚恳地对待新闻界,与他们保持经常的联系。三是正确对待新闻界的批评,新闻界对社会组织的错误行为、错误现象进行批评和揭露,应诚恳地接受,切不可蛮横地与之对抗。

(四) 社区关系

社区关系是指组织与所在地的居民和各类社会组织团体的关系。它们同组织的关系是左邻右舍关系。组织的发展与社区公众有密切的联系。组织的生产经营活动依赖于社区公众有形和无形的支持,如能源、交通、邮政及各种物资供应;企业组织员工的饮食、起居,日常生活依赖于社区中的各项服务设施;社区公众对一家工商企业来说,是最稳定的顾客,是企业组织所依靠的衣食父母。总之,企业组织生存在一个特定的地理区域内,应该与社区公众保持良好的关系。

第四节 公共关系的职能

所谓职能是指人或事物在一定条件下能产生或者应该产生的作用或功能。公共关系的职能,就是指公共关系的职责和作用,它既是公关学理论的核心,又是公共关系业务的要旨。只有明确了公关职能,才能有效地开展公共关系活动。

总的说来,公共关系主要有以下几种职能:

一、树立形象

组织形象是社区公众心目中对组织整体的印象和评价。塑造良好的组织形象是公共关系的一项重要职能。组织形象是由丰富的内容和多样的形式构成的一个完整的整体印象。它主要由产品形象、员工形象、服务质量、设施设备和环境形象等要素构成。这些构成要素又具有其深刻的内涵。

组织形象是一个组织向社会介绍自己的名片。塑造良好的组织形象,是社会主义市场经济发展的内在要求。一个组织有良好的形象,就能得到公众信任和支持,提高生存能力、发展能力和竞争能力,保证组织事业成功。

建树良好的组织形象,已越来越被各种组织的领导所认识。从公共关系的角度来说,建树良好的组织形象就是要提高组织的知名度和美誉度。知名度就是公众对组织所知晓的程度;美誉度就是公众对组织的信赖和赞美的程度。两者缺一不可,一般来说,知名度需要以美誉度为客观基础,才能产生积极的效果;美誉度需要以一定的知名度为前提条件,才能充分显示其社会价值。

二、协调沟通

一个组织通过公共关系活动,协调和沟通组织与公众的关系,争取公众和其他社会组织的谅解和支持,最终达到组织内外部和谐统一的目的,为组织的生存和发展创造一个良好的环境,是公共关系的又一基本职能。

"内求团结,外求和谐",是公共关系协调沟通工作的宗旨。所谓"内求团结",就是要创造组织内部团结和谐的气氛,增强每一个员工的凝聚力。一个组织内部有各种各样的关系,概括起来无非是领导与员工的关系,组织内部各个职能部门之间的关系,协调和沟通这两类关系是公共关系工作的一部分。

所谓"外求和谐",就是通过积极开展对外活动,促进组织和外界密切联系和广泛合作,为组织营造良好的外部环境。组织面临的外部公众很多,如消费者、供应者、经销者、新闻界等,这就不可避免地要与他们发生矛盾和纠纷,就需要公关部门通过双向沟通,避免冲突和纠纷,消除敌意和误解,维护合作关系,形成良好的外部环境。

三、搜集信息

在信息时代,信息就是生产力,信息就是经济效益的关键性因素,信息是组织赖以生存和发展的一种重要资源。从公共关系工作的角度来看,主要搜集以下几种信息:

(1)组织形象信息。即公众对社会组织在运行中所显示的行为特征和精神面貌的反应。组织形象信息主要包括以下几个方面的内容:一是公众对组织机构及其效率的评价;二是公众对组织管理水平的评价;三是公众对组织人员素质的评价。

(2)产品形象信息。产品形象是组织形象的基础。通过了解公众对组织产品的形象评价,就能反映出组织的市场形象好坏。公众对产品的反映和评价包括产品的质量、性能、规格、花色、品种、装潢、售前售后服务等。

(3)公众的需求信息。公众需求是组织生存、发展的依据和动力,也是公众利益和兴趣的具体体现。了解重视公众需求,满足公众的合理需求,才能赢得公众。公众的需求信息包括:物质需求、精神需求、现实需求和将来需求。

(4)竞争对手的信息。孙子兵法云:"知己知彼,百战不殆。"了解竞争对手的优势情况,可以扬长避短,使自己处于竞争的优势地位。搜集内容包括发展状况、决策与管理的经验和教训、资金实力和价格利润等。

四、咨询建议

咨询建议是公关部门和人员运用科学方法,就某个或某类问题向公众或决策者提供可靠的情况说明和意见。咨询建议是公关工作的高层次环节,一般包括以下几个方面的内容:

(1)组织的发展情况咨询。组织进行经营发展方针修订和调整时,依据对政策、法令、政治、经济、文化情势的了解和分析,提供有关的信息咨询和建议;组织采取完善和改进措施以增进活力时,提供员工的合理化建议和征询专家的论证意见。

(2)员工的心理状态咨询。员工是组织的主体,他们的思想状态、心理行为和士气直接关系到组织的活力与效率。公关部门要提醒管理者尊重员工,并为他们提供激励员工责任感、工作兴趣、劳动热情的建议;对那些既重业绩又重人的领导,则应随时提供员工思想和心理变化方面的信息。

(3)公众心理变化和趋势预测咨询。公众的心理活动决定着公众的行为。现代社会条件复杂多变,公众的心理活动也会随之千变万化。公众心理变化对社会有很大的影响。因此,公共关系人员必须在对公众信息的长期收集和积累的基础上,对公众心理变化及时进行分析和预测,从而为组织发展和领导决策提供可靠的依据。

五、参与决策

所谓决策,是指人们改造世界的过程中寻求实现某种最优化预定目标的活动。公共关系人员不仅向组织提出一般的咨询建议,而且要参与决策。决策的过程包括了确定决策目标、拟定决策方案、实施决策方案、决策评价和反馈。公共关系人员参与决策的好处在于:一是向领导者提供决策信息,促进决策的民主化、科学化;二是决策过程中当好参谋,向决策者提供咨询建议;三是帮助决策者评估决策方案实施后果,修正决策方案,并通过公关调查,收集公众意见,衡量和评价决策的优势和差距,充分发挥公关的参谋作用。

六、教育引导

公共关系还具有教育引导职能,表现在对内部公众和外部公众的教育引导两个方面:

(1) 内部公众的教育引导。组织内部员工是经营活动的基本要素,也是塑造组织良好形象的保证。通过教育,灌输公共关系意识,引导组织各部门和全体员工重视组织的形象和声誉。教育员工树立主人翁责任感,通过向公众提供优质产品和优质服务,为组织树立良好形象;教育员工树立自己的良好形象,以自己良好的形象影响组织外部公众;在员工中开展公共关系的教育培训工作,提高全体员工的公共关系意识和觉悟水平,通过开展实务和技术方面的培训,帮助他们掌握建立良好公共关系状态的实际本领。

(2) 外部公众的教育引导。在竞争日益激烈的今天,要提高组织的知名度和美誉度,这就要求公共关系围绕宣传产品质量,提供优质服务开展工作。公共关系通常采用劝说性教育,引导外界公众改变态度适应组织或采用实际步骤促进公众的好感。如提供慈善捐款,举行体育比赛、文艺活动,赞助社会公益事业等。

第五节 公共关系与经营管理

一、管理与经营管理

管理一词是管辖、控制、处理的意思。凡是有许多人共同在一起劳动,就离不开管理,管理是人类共同劳动的产物。管理的本意,是指人们从事某项工作或某一领域活动时,为实现预期目的而进行的决策、计划、组织、指挥、协调、激励和控制等活动。

经营管理有广义和狭义之分。广义的经营管理,是指企业管理,即对企业生产活动和经营活动的管理;狭义的经营管理,系指对企业经营活动的管理。

经营与管理,是两个相互联系,又有区别的概念。经营的关键是决策,中心是效益。管理的重点是对工作的组织和控制。管理是实现企业经营战略、经营目标的保证。因此,管理要服从经营,并服务于经营,而经营又离不开管理。在企业活动中,两者密不可分。

二、公共关系学是一门管理哲学

所谓管理哲学,是指从众多的管理理论中概括和抽象出各自不同的思想体系,并反映了人们在管理领域中不同的价值观和世界观。作为现代管理理论分支之一的公共关系学,既接受人际关系理论和行为科学的指导,又强调人际关系在管理中的突出地位,将人性的管理从企业内部延伸到企业外部,丰富了现代管理理论,并成为管理哲学的一个重要组成部分。

从公共关系在社会组织中的地位来看,公共关系是一种管理职能,这种管理职能,既不同于涉及企业外部活动的经营管理,也不同于纯粹在企业内部进行的生产管理。它在经营管理中承担了平衡、沟通内外关系的责任,即既非生产性、技术性、财务性,也非传统的人事行政业务。同时,公共关系的一系列原则、观念又推动着管理科学的发展,为管理科学理论中强调的调节社会组织与周围环境关系提供了新的手段和方法。正是从这个意义上说，公共关系是组织经营管理中的一个独特的范畴。

但是，公共关系也不等同于组织经营管理，两者的区别，表现在以下几个方面：从目的上看，组织经营管理更注重建立严密的制度，以提高组织的效率和效益，而公共关系则更注重组织的信誉和形象；从应用范围看，组织经营管理注重组织的内部管理，而公共关系则对组织的内部和组织的外部均重视；从方法上看，组织经营管理侧重于指挥、领导、组织，公共关系侧重于传播、沟通；从性质上看，组织经营管理是有意识控制组织的活动，公共关系是争取公众信任的活动。

三、公共关系思想与经营管理

公共关系思想是现代企业家必须重视的重要的经营管理原则，其内容包括：

（一）珍视信誉，重视形象

信誉至上是现代企业经营的第一要则，树立形象是公共关系的首要职能。在复杂多变的现代社会里，信誉是一个企业谋求生存、争取发展的重要条件和手段。企业只有在树立和提高自身的信誉上下功夫，才能取得扎扎实实的经济效益，才能具有真正经久不衰的竞争能力。信誉和形象是密切联系的，信誉好必然形象好，良好的形象是企业的无价之宝。

（二）注重双向信息沟通

在企业管理工作中，经营者必须重视信息的搜集、储存、分析、传递工作，并且要形成意识，构成体系。每个企业都要建立自己的信息系统和信息网络，形成企业内外的信息沟通，它是公共关系的重要内容之一。

（三）注重社会综合效益

现代经营管理的一个重要思想，就是要兼顾企业经济效益和社会效益，这无疑是公共关系思想中的一个重要思想。从这种思想出发，企业经营管理不仅要追求自身的经济效益，更要注重社会综合效益。

总之，公共关系思想要求企业在经营活动中，把公共关系作为一门管理科学，上升到企业经营管理的战略高度去认识，并以公共关系的科学理论作指导，有意识、有目的地开展各种公共关系工作，将会给企业带来不可估量的综合效益。

复 习 思 考 题

1. 你对各种公共关系定义有什么看法？
2. 如何理解公共关系的涵义？
3. 如何认识公共关系三要素？
4. 公共关系有哪些基本特征？
5. 什么是公众？公众有哪些特征？
6. 你认为组织的重要公众有哪些？请举出一些例子来。
7. 公共关系职能包括哪些内容？
8. 如何理解公共关系思想是现代化企业家必须重视的重要管理原则？

第二章 公共关系机构和人员

公共关系是一门"内求团结,外求发展"的经营管理艺术。作为一种经营管理的职能,公共关系处理的是组织内外各种人和人之间的关系。这种带有很强艺术性的工作是难以用机器来代劳的,而必须由人来亲自掌握。一切公共关系工作的成功,均有赖于公共关系机构的健全和公共关系人员的良好素质。

第一节 公共关系机构

公共关系是现代社会的产物,它伴随着合作,伴随着和谐,伴随着成功而出现。在科学技术和经济越来越发达的现代社会中,一个组织所必须处理的各种人际关系日益繁多,公共关系,亦日益职能化。因此,有必要设立专门机构来执行这项职能。根据公共关系实践的历史和现状,目前专门从事公共关系工作的组织机构可分为三类,即公共关系部、公共关系公司和各类公共关系团体。

一、公共关系部

公共关系部是贯彻组织的公共关系思想和实现公共关系目标的专业性机构。这一名称在国际上广泛应用。但也有叫公共事务部,社区关系部等名称。

公共关系部的组建,是由组织自身状况和公众特点,以及组织与公众之间联系的状况所决定的。工业生产企业的公众主要是用户或供应商、批发商等;商业经营企业面临的公众主要是顾客等。这些组织与公众时刻都有着密切的联系,诸如利益关系、协作关系或感情关系等。组织组建公共关系部旨在筑起组织与公众之间感情的桥梁和沟通的渠道,以便在公众中树立良好的形象。

(一)公共关系部的地位和职能

公共关系部的工作影响到组织的信誉和形象,关系到组织上下、内外的信息交流,关系到组织近期和远期的利益,同时也关系到组织在社会整体中的地位与作用。因此,公共关系部在组织中既是组织的管理职能部门,又是组织的决策参与部门。它具有以下三种功能:

1. 组织的信息情报部

公共关系的首要职能便是采集信息。通过对有关组织的生存、发展的信息搜集和整理,以便及时了解现状,预测趋势和适应变化。公共关系部着重建立广泛的社会关系,通畅的信息网络系统,起到了组织的"耳目"作用。

2. 组织的决策参谋部

公共关系工作关系到组织的信誉和形象,关系到与内外公众的沟通,关系到组织战略目标的实现,它是组织的"智囊团"、"思想库",它不是一线指挥和最后决策的部门,而是在采集、整理和分析信息的基础上,提供可供选择的决策方案,协助决策层进行决策的部门。

3. 组织的宣传部和外交部

一个组织要获得公众的理解和信任,取得公众的支持和合作,就必需不断向公众宣传组织政策,了解组织行为,增强组织的透明度。随着组织与外界交往的频繁,各种矛盾和纠纷也会随之增多,公共关系部必须及时而有效的进行沟通协调,保证组织有个良好的外部环境。因此,公共关系部堪称组织的"喉舌"和"外交官"。有战略眼光的领导,应该亲自管理组织公共关系业务。因为,公共关系的好坏,关系到组织的整体形象,作为一个组织的领导,应该直接对此负责。

(二) 公共关系部的一般模式

了解公共关系部在整个组织体系中的位置以后,还需要进一步了解公共关系部机构本身的组织结构。按公共关系部的结构类型和组织方式,公共关系部的模式有多种多样,这里仅介绍几种常见类型:

1. 职能型

按公共关系职能分类所建立起来的公共关系部称之为职能型公共关系部。这种机构的特点:各职能部门都配有通晓专业的人员,其运用专门知识处理公共关系活动中所遇到的各类问题,为领导决策层提供咨询,以适应复杂环境和大型组织管理的需要。其结构如图2-1所示。

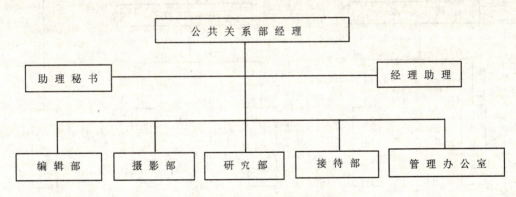

图 2-1 职能型公共关系部

2. 过程型

这是按照公共关系工作过程分类组建的公共关系部。其特点:各职能部门的工作内容专业化,工作范围集中,方便经验积累,有利于提高公共关系的成效。但这类机构整体性较差,如果协调不好,容易造成相互推诿、互相扯皮,最终影响到公共关系效果。其结构如图2-2所示。

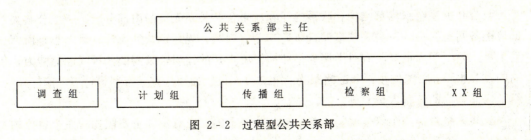

图 2-2 过程型公共关系部

3. 公众型

按不同的公众为对象，分别设立相应的工作对象作为机构的名称。例如职工关系组、新闻媒介组、社区关系组等。其优点：能熟悉自己的工作对象，了解公众的需要和反应，以便有针对性地进行工作。其结构如图2-3所示。

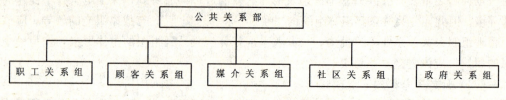

图 2-3 公众型公共关系部

4. 直属型

这种模式的公共关系部是由组织最高领导人兼任，体现出其地位和层次。前三种模式都有归属不明的缺点，公共关系部缺乏必要的权威性。直属型的公共关系部模式被认为"理想型模式"，如图2-4所示。

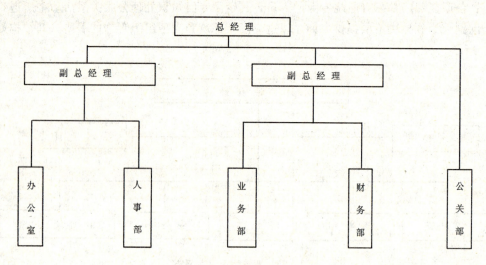

图 2-4 直属型公共关系部

任何组织结构都应该依据一定的职能关系来设置。所突出的职能不同，组织结构就不同，不可能千篇一律。因此，公共关系部下设科、室、组均可，无固定模式。公共关系部也可以按照实际需要来设置，不借助任何模式。

（三）公共关系部的分工

与公共关系组织内部结构相联系的问题就是公共关系人员的内部分工。一般公共关系部应配备两类人员，一类是从事调查研究，分析判断，规划审核的人员；另一类是所谓行动人员。第一类人员应具有科学调查（如抽样调查）的知识，较高的分析问题的能力，较高的政策水平，较宽的视野和战略眼光。第二类人员包括那些宣传资料设计者、接待人员、组织内部刊物的编辑人员等等。

公共关系内部分工依据就是本单位的公共关系的工作对象和主要职能。一个单位的工作对象有很多，重要的关系对象如股东关系、政府关系、顾客关系等应有专人负责。公共关系内部业务多而杂，较专门或复杂的业务、技术，如美工、摄影也需设专人负责。有些关系工作量大，如旅游服务部门的宾客关系工作量大，可设几人负责，而另一些关系如政府关系、新闻界关系和社区关系等，又可由一人兼管。如果偏重于交际业务，就需多设几位接待人员和谈判人员。如偏重于传播，就需要有专门的写作、编辑、印刷、设计人员。大的公共关系组织，内部分工可以比较细，而公共关系机构需要的工作人员应是多面手，要视具体的公共关系对象和主要职能，以及工作的繁简来决定公共关系机构的内部分工。

公共关系的职能分工大致可以划分为内部关系、对外关系和专业技术三个方面。

1. 内部关系

内部关系主要负责员工关系、部门关系、干群关系、股东关系等。这些关系需要配合经理部门、财务部门特别是人事部门、工会等组织去协助处理。主要是运用公共关系的专门技术，如编制公司刊物、年度报告，组织股东年会，进行员工调查等，进而增强员工的归属感。

2. 对外关系

对外关系主要负责顾客关系、政府关系、媒介关系等。这些关系应设专人或较固定的人负责，有利于组织关系网络的稳定发展。

3. 专业技术组

公共关系的许多方法和技术都专门化了，因此可根据所采用的手段和技巧进行分工。大致来说包括计划和决策，文字写作，新闻发布，信息搜集，专题活动与接待，编辑印刷，广告业务，美工与摄影，谈判与演讲等分工。这些工作可以根据其工作量的大小来确定分工。

在组织中，公共关系部与其他职能部门是互相促进、互相协作的关系。公共关系部在组织中的地位与作用，是其他职能部门所难以代替的，但是公共关系部的各项工作却必须要有其他有关部门的密切配合，彼此之间既有不同的分工，又要很好的合作，只有这样，公共关系计划才能充分而顺利地实施。例如：公共关系部要处理好内部员工关系，就必须得到工会、人事部门的支持；要向公众宣传本组织的形象，离不开广告和宣传部门的支持；要推销产品，服务公众，离不开销售部门的协作；公共关系部的活动经费在编制预算时，既要征求财务部门的意见，又要与财务部通力合作，求得财务部的理解和支持。

二、公共关系公司

公共关系公司是由具有一定特长的专家组成，从事公共关系咨询或受理委托为客户开展公共关系活动的社会服务性机构。随着经济的发展，近年来在我国许多地方都成立了公共关系公司。公共关系公司与一个特定组织的公共关系部的不同在于：公共关系公司对所有征求公共关系咨询和服务的客户负责，公共关系部只是为实现本组织的目标而工作。下面就公共关系公司的类型、机构和业务范围等三方面作简单的介绍。

（一）公司的类型

各种各样的公共关系公司很多，根据不同标准作如下划分：

（1）按业务内容划分有专项业务服务公司，专门业务服务公司，综合服务咨询公司三种。

1）专项业务服务公司是专门为客户提供某种公关技术服务的公司。公司以各种专业人才、技术和设备，为客户提供单项的公关业务服务。例如，为客户设计各种宣传资料，承担调查任务，设计广告等。这种公司规模一般大，而服务内容却灵活多样。

2) 专门业务服务公司是为特定行业提供公关服务的公司。例如，专为工商企业服务，维护企业合法的和良好形象的公共关系公司；专为工商企业提供金融方面服务，保护企业正常权利的金融公共关系公司等。

3) 综合服务咨询公司是以分类公共关系专家和公共关系技术专家来保证和适应多行业、多职能、全过程的外部公共关系需要。例如，美国博雅国际公共关系公司，其服务项目是收集信息、广告设计、制作电视新闻、提供咨询、同政界新闻代理人建立联系等。

(2) 按经营方式划分有合作型和独立型两种

1) 合作型。这类公司是与广告公司或公共关系部等合作经营的公司。比如，美国十大公共关系公司中有六家是广告公司的分公司或一个部门。20世纪70年代以来，合作经营已成为国际上的一种趋势。

2) 独立型。这类公司坚持自身经营独立性。不论经营单项、专项、多项或综合等业务，都不用与他人合作。

(二) 公共关系公司的组织机构

公共关系公司的组织机构没有固定模式。从工作范围看，有属于某个地域的小公司，也有跨地区、跨国度的大公司；从业务内容看，有承担单项业务的公司、也有能承担多项业务的公司；从人员组成看，有几个人的小型公司、有几十人的中型公司、还有几百人的大型公司。据美国70年代调查，小型公司的人员平均为6人以下，中型公司为7～25人，大型公司为25人以上，如伟达这类公共关系公司，人员达数百人。凡是具备一定规模的公共关系公司，机构内部都有明确的分工。

(1) 总经理、副总经理、业务经理组成决策班子。总经理在副总经理的协助下总揽全局，业务经理主要负责具体实施受托服务的项目。

(2) 根据公司的业务特色，设置若干专业部门。一般情况下，业务部门不对外承揽业务，只根据业务负责人的具体归口管理内容开展工作。业务经理既可请新闻部门专家出面举办记者招待会，又可请宣传部门专家编印对外宣传刊物，还可同时为委托人承办多个服务项目。

(3) 针对业务部门的实际情况，可成立专门的审计管理部，以确保业务部门工作的有效性和经费开支的合理性。

(三) 公共关系的业务范围及工作方式

1. 公共关系的业务范围

公共关系公司的业务有两个方面：一是咨询业务，根据客户的要求，公司提供专家式的咨询；二是代理业务，公共关系公司作为客户的代理者，协助客户开展公共关系活动。具体工作业务是：

(1) 分析确立目标。协助委托人确立公关目标；开展调查研究，为客户改变失调状态提供改进办法。

(2) 制定实施计划。根据已确定公共关系目标要求，针对存在问题，制定切实可行的公共关系计划，并运用自己的专长，协助委托人实施公共关系计划。

(3) 培训人员。为委托人培训公共关系人员，提高公共关系部的业务水平和工作能力。

(4) 协助委托人编制公共关系预算,评估公共关系计划的实施效果。
(5) 协助委托人开展内部公共关系工作。
(6) 协助客户处理突发事件,消除不良影响。

2. 公共关系公司的工作方式

(1) 向委托人提供公关咨询。帮助委托者解决公共关系过程中遇到的疑难问题,或提供决策参考根据。

(2) 短期服务。短期内为客户完成某项公共关系工作,如展览会、庆典会等。

(3) 长期服务。为客户长期进行综合性的公共关系服务,负责客户全部的公共关系工作。服务期限可以为一年或数年。

(四) 利用公共关系公司的原则

我们必须看到,长处和短处、优势和劣势都是相对而言的,公共关系部的长处正是专门的公共关系公司的短处,反过来,公共关系公司的优势正是公共关系部的劣势。由此看来,公共关系部和公共关系公司都是不可缺少的,一个组织应该学会充分地、恰到好处地运用两种不同的服务,以满足自己的需要。因此我们在外聘公共关系公司时应取长补短,一般原则如下:

第一,要根据本单位特殊需要选择恰当的顾问,除了其专业知识外,还要注意其品德。

第二,选准了顾问,就应当信任,不然就不可能有真诚的合作。

第三,除非涉及机密,否则,应无保留地为外聘公共关系顾问提供完整的资料和活动方便。不应当随便干预顾问的活动。

第四,要与外聘顾问保持良好的接触和联系,和谐的双方关系是开展工作的基础。

第五,要虚心听取顾问提出的意见和建议,特别是反对的意见。对不予采纳的意见要详细说明理由。

第二节 公共关系人员的素质与培养

公共关系是一门边缘科学,它融合了各门社会科学如新闻传播学、心理学、动作语言学以及经济管理科学等知识。因此,对公共关系职业人员的条件和学识要求很高,要想成为一名理想的公共关系人员,应该具备很高的素质。某些公共关系培训班所设计的公共关系人员自我鉴定表,列出了从性格、品德、知识、经验到行政领导能力共计40个方面。美国是当今世界公共关系事业最发达的国家。据统计,美国的公共关系从业人员中4/5具有大学以上学历,其中又有1/5是研究生,由于公共关系职业的复杂性、专业性程度很高,对从业人员的要求自然非常苛刻。公共关系人才和其他人才一样,只凭优越的天赋条件是远远不够的,必须经过专门和严格的职业训练。

一、公共关系人员的素质

公共关系人员,是指在一定组织中从事公共关系工作的专职人员,包括从事公共关系理论研究、教学活动和实务工作的人员。公共关系人员是公共关系活动的主体核心,其素质如何直接关系到公共关系的成败。因此,研究和培养公共关系人员的素质十分重要。

公共关系人员的素质,是指公共关系人员在运用各种媒介,实现增强组织机构的生存能力和在公众心目中树立良好形象的目标过程中,所表现出来的知识、个性、作风、素质等基本品质，也就是决定公共关系人员从事各种活动能力的各个内在因素的总和。这些素质不是一层不变的固定在某一水平上，而是处于动态的不断发展变化之中。因此，素质的培养应该在考虑原有因素（基础教育）的基础上，进一步给予有选择、有目标、分阶段的努力和发展。

由于公共关系人员是以整个社会作为自己的活动舞台，因此所需具备的基本素质和基本技能也是多方面的。

（一）公共关系人员的基本素质

对于公共关系人员而言，素质要求是非常高的，既要有先见之明，还要有创造奇迹之才。无论是对个性、品德、智慧、教育等都有一些基本要求。

1. 具有吸引人的个性

什么样的个性才能吸引人？男性的风度可以吸引女性，女性的温柔可以吸引男性，这似乎带有某种普遍性。此外，热情、机智幽默、懂礼貌、识大体等个性一般都能获得他人的好感。比如，一个人只有热情待人，才能指望宾客盈门；一个人懂礼貌、识大体，才能受到人们的尊重；懂得幽默的人在处理复杂关系和繁琐的事务中容易保持身心的平衡，并提高在交际场合中随机应变的能力。公共关系人员具备某些吸引人的个性，常会起到意想不到的公共关系效果。

2. 真诚老实

品德方面最重要的是真诚老实。公共关系人员是与人打交道的，不是个人与个人打交道，而往往是直接代表所服务的组织机构的人，其地位比其他职员重要。因此，真诚老实的为人就显得特别重要了。公共关系人员的品行稍有不端，不仅会损害公共利益，还会有损于自己所代表的组织，美国公共关系协会通过的公共关系职业准则几乎全部条文都是在谈"真诚老实"的问题，其他的准则条款也是环绕这一基本思想展开的。资本主义社会对自己的公共关系人员尚且能提出这样的要求，社会主义国家的公共关系人员就更应该如此。

3. 思想政策水平

公共关系人员的思想政策水平决定着他的公共关系工作的质量。公共关系人员必须善于学习、善于分析、善于判断。他的手中应掌握大量的信息，并能从纷繁的信息中理出经纬来。一个思想糊涂、政策观念淡薄的人很难把握公共关系的时机，更不能向组织领导提供高质量的政策咨询。不能以为公共关系人员是摇摇笔杆子、磨磨嘴皮子、只懂实务、只搞技术、没有思想的人，其实对公共关系人员来说最重要的还是他的思想、他的政策水平。

4. 良好的教育和较高的知识修养

由于公共关系人员需要同各行各业，各种公众、各色人等打交道，因此必须经过良好的教育并具有丰富的知识，这是公共关系人员涵养的基础。公共关系人员需要学习的知识可以说是多种多样的，如经营管理学、新闻传播学、社会学、心理学、市场学、广告学、政治学、经济学、法律学、公共政策学、哲学、伦理学、历史学、统计学，以及外语、演说、写作、编辑等知识。知识广博，多才多艺是公共关系人员开展公共关系工作的资本。

5. 足智多谋的智慧

公共关系的复杂多变性，要求公共关系人员应该有很高的智慧，遇事能进行冷静的思考，逻辑思维能力和分析能力都很强，能对问题作出正确的判断和决策。公共关系工作是有计划、有步骤的活动，公共关系人员依据对形式的了解和分析，向主管部门提出意见和计划,有时也直接参与最高管理层的决策过程。所以,公共关系专家被称为20世纪的军师,应能足智多谋地为一个组织出谋划策。同时还能了解和接触各种不同类型的人。

6. 对新事物、新情况的敏感性

就这一点而言,对公共关系人员的要求与对新闻记者的要求是一样的。新闻记者必须具有对新事物、新情况的敏感性。公共关系人员则必须具备公共关系敏感性,他对组织所处环境的嗅觉特别敏感,能从普通的资料和数据中看出趋势,从平凡的现象中看出危机,他对任何微妙的变化都能及时察觉出来。一般人读报只是为了了解新闻,公共关系人员读报要读出新闻背后的信息,要读出趋势,读出对自己的组织生死攸关的信号,这就是我们说的公共关系敏感性。

改革开放必将形成各种经济组织相互竞争的局面。知己知彼方能百战百胜。公共关系人员及时捕捉信息,窥测竞争方向,唯其如此才能使自己的组织不失时机地采取对策,采取应付措施,立于不败之地。可见公共关系人员的敏感性是不能缺少的。

7. 富有想象力和创造性

公共关系人员是组织与公众的中介者,一方面他要向组织的决策层报告关于公众和组织环境的信息,另一方面他又要向公众传达关于组织活动的各种信息。但他决不能做"传声筒"。他应该以自己的想象和创造性来影响组织的决策层,来感染公众。只有这样,公共关系人员作为中介者的主体意识才能充分体现,他的工作才能充满活力。

8. 丰富的经验

公共关系人员除了新闻传播工作的经验外,下述方面的工作经验同样对公共关系人员有益处:演讲家、教师工作、政府部门、广告部门、旅游服务行业、社会团体或社会福利部门、工商企业管理部门、商业销售部门、思想工作部门、金融界等部门的经验,都有助于公共关系的工作。

9. 自身形象的塑造

相貌丑陋的人固然不宜当公共关系人员,但"奶油小生"、打扮妖艳的女郎也不会讨人喜欢。公共关系人员——特别是那些负责会客的人员——应该衣冠整洁、举止大方,一言一行都要表现出积极、认真、向上的精神面貌。公共关系是一种塑造组织形象的职业,公共关系人员自身的形象应该首先塑造好。

(二)公共关系人员的基本技能

公共关系学是一门应用性、实践性很强的学科。作为一个公共关系人员除了应具备以上基本素质外,还应具备以下一些技能。

1. 组织领导能力

组织领导的能力包括:组织一个可靠的团体或单位的能力;做计划、决策的能力;搜集、评价和整理有关信息的能力;选择方案作出决定的能力;分授职权并下达命令的能力;控制过程并考核工作成效的能力;指挥、领导下属完成任务的能力;协调人际冲突的能力;随机应变的能力等等。

2. 表达能力

表达能力包括文字表达能力和口头表达能力。能写会说是公共关系人员的两项基本传播技巧。

在表达能力方面,除了写作能力和口语能力外,公共关系人员还必须具备非语言传播的知识。例如"动作语言"和"体态语言"的知识,即人们运用面部表情、头部动作、四肢的姿态、以及全身的姿势所发出的信息。这种信息是无声的,但又可以明确地表达人们的思想观点或情绪。例如,中国人常用大姆指向上指的手势,表示他们对某个人或事物的赞赏和夸奖;而美国群众常用大姆向下的手势,表示他们对某个人或事物的厌恶和反抗;食指和姆指围成一个圆圈,其他三指伸开,表示"OK",即"赞同、满意、好"的意思;用食指和中指举出"V"字记号象征奋斗。在日常生活中,还有许多熟悉的动作和姿势,他们一看就会知道所表示的情绪。如以脚尖敲击地面,表示心情焦虑;谈话玩弄身边的小东西,表示不自在或紧张等等。搞公共关系的人不仅要注意他人的体态语言,也要注意自身的体态语言,自觉地加以应用,就能提高自身的表达能力和传播的效果。

3. 社交能力

搞公共关系必须具有与各种人打交道的能力。美国《商业月刊》对美国的273家大企业的总经理进行调查后指出,美国企业界对其负责人的第一条要求,就是能在企业内外搞好关系,企业领导人应该象国会议员那样善于与人交往,公共关系人员作为企业组织的外交家,无疑应该具备社会交际的能力。交际能力往往是其他各种能力的综合,好的表达能力、组织能力、应变能力、逻辑思维能力等等。

在社会交际中,公共关系人员所接触的人很复杂、很广泛,他们的国籍、籍贯、性别、地域、年龄、宗教、职业、阶级、思想、生活背景、知识程度等都各不相同。公共关系人员在社交中有必要懂得各种不同的礼仪、习惯和风格。

4. 专业技能

公共关系已日益发展为一种成熟的社会职业,因此有许多专门的技能。如应具备编辑、绘图、设计、印刷、摄影、美工、广告、市场民意调查等知识和技能。此外有助于开展公共关系工作的技能,还包括书法、跳交谊舞、下棋、打桥牌、集邮、烹调等等。广博的知识和技能对开展公共关系活动十分有益。

二、公共关系人员的职业道德

人们常说,职业道德就是良好的经济理论,这并非油腔戏言,而是"老实人终有所获"的不同表达方式。一个组织为人信赖,则多具有成功希望。公共关系工作要解决的问题是促进理解,只有理解才能形成商誉,才能带来信誉,而商誉和信誉均有赖于人们的信任。因而可以说,童叟无欺乃为上策。公共关系工作的成效完全在于能否取信于人。所以,公共关系人员的职业道德尤为重要。

(一)国外公共关系人员的职业道德

职业道德是特别用来规范公共关系工作人员的行为方式的。公共关系人员类似医生、律师、教师等,其人员正直是职业道德中不可分割的一部分。公共关系人员的经营活动,就是在为自己做公共关系工作,他必须对自己负责,因为判断他的人品的依据是他的行为。经过几十年的公共关系实践,欧美等发达国家已各自摸索出一套公共关系职业道德守则。对国际公共关系协会、英国公共关系协会、美国公共关系协会和尼日利亚公共关系协会等协会的职业道德守则进行研究,发现这些守则共同的地方有如下几点:

(1)尊重和维护个人尊严。

(2)公共关系职业行为要符合公众的利益。

(3)公关人员应坚守社会公认的道德原则,如《联合国人权宣言》。

(4) 有责任承担促进社会信息交流的工作。
(5) 不得传播没有确凿依据的信息。
(6) 不得参与任何损害传播媒介诚实性的活动。
(7) 公共关系从业人员应维护过去和目前雇主、客户的利益。
(8) 不得损害本行业和其他公共关系人员的职业声誉。
(9) 报酬方面要公平合理,论工作成绩取酬,不得接受贿赂。
(10) 不得为存在冲突的利益工作。

(二)国内公共关系人员的职业道德

自从我国公共关系协会于 1987 年 6 月底在北京成立后,我国的公共关系事业逐步走向了正规化道路。目前面临的重要任务就是要根据中国的国情,建立有中国特色的社会主义公共关系从业人员职业道德守则。

要建立我国公共关系职业道德守则,应参考国际和各国公共关系协会制作的职业道德守则的内容,吸取其中有用的东西,并结合我国的政治制度、社会文化传统进行。具有中国特色的社会主义公共关系从业人员职业道德守则,应从下面几个方面进行考虑:

(1) 关于公共关系实务工作的宗旨。

我国是一个社会主义国家,其公共关系实务工作的宗旨应体现出中国的社会主义的特色。因此,我国公共关系实务工作的宗旨应该考虑:

1) 坚持四项基本原则。
2) 为建设社会主义物质文明和精神文明服务。
3) 发展社会主义公共关系事业。
4) 承担为各个组织和公众传递消息,增强相互间的交流和合作的任务。

(2) 关于公共关系职业工作方面。

中国公共关系职业工作应该注意遵守下列原则:

1) 促进社会各种信息的自由流通。
2) 尊重和维护国家和公众利益,尊重个人尊严。
3) 遵守国家的各项政策和法律法规。
4) 遵守公开事实真相的原则,不能传播各种虚假或欺骗性信息。
5) 不能参加任何败坏新闻媒介诚实性的活动。

(3) 关于公共关系工作的报酬方面。

公共关系人员在受委托进行某项公共关系工作时,应遵守报酬方面的原则:

1) 收费的标准要公开,论工作量和工作成绩取酬。
2) 不得接受贿赂。
3) 在为某委托人或客户服务时,未经他们同意,不得因这种服务与他人有关而接受他人付给的报酬。

(4) 关于公共关系从业人员与委托人或客户关系方面。

1) 在不损害公共利益的前提下,维护委托人或客户的利益。
2) 在未经委托人或客户同意之前,不得泄露有关他们的信息。
3) 不得干涉委托人或客户的内务。
4) 不得隐瞒自己的委托人或客户。

5)在公开事实并征得各方面同意之前,不得为利益相互冲突的委托人或客户同时服务。

(5) 关于公共关系从业人员与本行业及其他公关人员的利益。

1) 不得干损害本行业和其他公关人员声誉的事。

2) 不得侵夺任何其他公关人员的工作机会。

3) 应遵守和维护本行业中公认的一切道德准则。

由于我国公共关系实务工作开展得还不够普遍,开展的时间也不太长,适合中国实际情况的公共关系职业道德守则应在实践中建立,并在实践中得到完善。

附:《国际公共关系协会行为准则》

国际公共关系协会行为准则

Ⅰ、国际公共关系协会成员必须竭诚做到以下各条:

第一条,为建设应有的道德,文化条件,保证人类得以享受《联合国人权宣言》所规定的各种不可剥夺的权利作贡献。

第二条,建立各种传播网络与渠道以促进基本信息自由流通,使社会的每一成员都有被告知感,从而产生归属感、责任感、与社会合一感。

第三条,牢记由于职业与公众的密切联系,个人的行为——即便是私人方面的——也会对事业的声誉产生影响。

第四条,在自己的职业活动中尊重《联合国人权宣言》的道德原则与规定。

第五条,尊重并维护人类的尊严,确认各人均有自己作判断的权利。

第六条,促成为真正进行思想交流所必须的道德、心理、智能条件,确认参与的各方都有申述情况与表达意见的权利。

Ⅱ、所有成员都应保证:

第七条,在任何时候、任何场合,自己的行为都应赢得有关方面的信赖。

第八条,在任何场合,自己均应在行动中表现出对他所服务的机构和公众双方的正当权益的尊重。

第九条,忠于职守,避免使用含糊或可能引起误解的语言,对目前及以往的客户或雇主都始终忠诚如一。

Ⅲ、所有成员都应立戒:

第十条,因某种需要而违背真理。

第十一条,传播没有确凿依据的信息。

第十二条,参与任何冒险行动或承揽不道德、不忠实、有损于人类尊严与诚实的业务。

第十三条,使用任何操纵性方法与技术来引发对方无法以其意志控制因而也无法对之负责的潜意识动机。

三、公共关系人员的培养

随着公共关系的兴起和推广,合格的公共关系人员的社会需求量必然会增加。即使在公共关系已有几十年历史的美国,公共关系仍然是一项日益壮大的职业。在我国,公共关系事业还刚刚兴起,公共关系学作为一门新学科尚待建立,公共关系知识的教育和推广还处在起步阶段。一些地区举办了公共关系讲习班,大专院校也开设了公共关系课程。但今后对公共关系人员的培养应运用各种方式多管齐下，包括有志于公共关系事业者的自我培养，使公共关系人员的培养不仅仅局限在教育部门，而成为一种社会性的事业。

（一）公共关系从业人员的培养目标

根据公共关系工作的实际需要，对不同的公共关系人员应该有不同的培养目标。一般认为，公共关系人才的培养应该朝着两个方向努力：一是培养通才式的公共关系人才；二是培养专才式的公共关系人才。

1. 通才式的公共关系人才

这种类型的公共关系人才要求知识面广，有较全面的智力结构、能力结构和完整的性格结构，能够在工作中独挡一面，充任公共关系工作的组织者和指挥者。

通才式的公共关系人才一般要求经过系统的公共关系理论和实践的教育训练，并系统地学习和掌握与公共关系密切相关的其他学科知识。因此，最好经过综合性大学的全面学习和培养。

2. 专才式的公共关系人才

这种类型的公共关系人才精通于某一方面的公共关系技术，如新闻写作、广告设计、市场调查、美工摄影、编辑制作等等。这种人才亦是组织一个健全的公共关系组织所不可缺少的。

专才式的公共关系人才，则只需要精通一两种技术手段，既可以由大学培养，也可以由一些专科学校或在实际工作中培养。

（二）公共关系人员的培养途径

公共关系作为一门科学，其基础理论部分相当庞杂，因而如果没有良好的理论基础知识，是很难掌握公共关系技巧的，所以要求公共关系有扎实的理论基础知识。鉴于以上要求，公共关系人员的培养途径主要有以下两条：

1. 大专院校的正规培养

这是一条专门培养公共关系人才的正规途径，也是社会培养公共关系人才一种方式。学员可以在大学里系统地学习公共关系理论，潜心研究公共关系技巧，掌握信息传播工具，辅之以一定的实际工作训练或模拟实践活动。

2. 短期培训

短期培训的方式主要有：

（1）举办培训班。企业和社会上举办的公共关系培训班，主要学习与公共关系相关的基本知识，培训提高公关人员的理论水平。如：组织学员学习公共关系学、传播学、广告学、管理学、行为科学、市场营销学等，这种短期的培训班，时间短、收效快。

（2）见习培训。这种方式主要是从实践中学习，让见习人员在一段时间内充当本企业或外企业公共关系人员的助手，尽可能让他们有机会进行公共关系实践，观察和学习别人怎样处理公共关系事务，增强感性认识。这种方法特别适宜于培养刚参加工作的初级公共关系人员。

（3）聘请专家、学者指导。聘请具有公共关系业务专长的专家到企业指导、咨询，帮助解决公共关系中的疑难问题，辅导和促进公共关系人员正确推行公共关系业务，提高公共关系人员的业务能力和企业公共关系工作的质量水平。这种方法针对性强，解决问题效率高，对业务人员帮助启发大，是一种较好的培训方法。

(4) 全员培训。对企业全体人员进行公共关系的教育，重点是思想教育和意识教育，其次是公共关系一般知识的普及教育。企业的公共关系不只是公共关系人员的事，任何人都是企业公共关系的代表。如果一个企业内部，人人具有公共关系意识，人人注意组织的信誉，自觉用自己的言行维护组织和产品的形象，那么就能在社会公众中树立起组织的良好形象，达到提高企业总体效益的目的。因此，社会组织必须重视对全体职工进行公关培训，增强每个职工的公共关系意识，提高全体职工公共关系水平。使组织的公共关系成为全体干部职工的自觉行动，并体现到每个工作岗位或生产经营的环节中去。

复 习 思 考 题

1. 常见的公共关系模式有哪些？
2. 什么是公共关系公司？
3. 公共关系人员应具备哪些基本素质？
4. 公共关系人员应具备哪些技能？
5. 如何进行公共关系人员培养？

第三章 公共关系工作程序

公共关系工作最重要的目标是要在公众心目中建树良好的组织形象。这就决定了公共关系工作成功的关键是尽可能准确地了解公众信息，制订周密计划，有的放矢地开展公共关系活动。换言之，公共关系工作应具有高度针对性、计划性、连贯性和实用性。为此，公共关系人员应坚持公共关系工作程序：调查、策划、实施、评估，即公共关系学中所谓的"四步工作法"。必须强调的是任何公共关系工作都是一个连续的动态过程，各个工作程序之间时有交叉、重叠和重复，又各自相对独立，相互衔接成一个整体。

第一节 公共关系调查

一、公共关系调查的概念

公共关系调查，就是公众对组织形象的评价进行统计分析，用数据或文字的形式显示公众的整体意见，或者就某一具体公共关系活动条件进行实际考察。它是公共关系部门开展公共关系活动必不可少的前提和基础。

为了理解公共关系调查的概念，必须遵循下述原则：

1. 客观性原则

在调查过程中应从客观实际出发，注意区分公众的客观态度和主观臆想。公众的客观态度是指调查对象对组织形象的直接感受和评价，否则便是主观臆想。只有把握了调查对象的客观态度，才能对公众的有关评价得出科学、准确的结论。同时调查人员也须切忌主观性，不可随意地给客观事实加入主观臆测的成分，不回避更不能掩盖事实。只有这样，才能充分保证调查结果的真实性。

2. 全面性原则

在调查过程中必须注意搜集各方面公众的意见，应注意两点：一是调查人员必须用科学方法收集所有有代表性的调查对象的客观态度；二是调查所得的资料必须全面，既要有正面意见，也要有反面意见，不能一叶障目，以偏概全。

3. 时效性原则

公共关系调查是了解调查对象在某一确定时间对组织形象的评价，调查结果具有很强的时效性。一次调查的结果，只能反映此时此刻公众的态度，它往往会随着时间的延续而发生变化。遵循时效性原则，也包含调查的长期性、反复性，有利于组织及时收集反馈信息并作出果断决策。

4. 计划性原则

针对每一项具体的调查工作，事前必须制订完整、严谨的调查计划，对完成调查任务的人力、财力、物力作出合理安排；对调查中可能遇到的各种问题及其对策都要充分考虑，以提高调查工作的效率，保证调查的顺利进行。

5. 伦理原则

伦理行为，即所谓与公认的职业惯例相一致的行为。伦理原则，就是调查人员在调查过程中既要注意调查的科学性，又要注意调查行为要符合道德规范。在调查中不允许任何非道德的行为，以便保证调查结果的客观性、全面性。

二、公共关系调查的意义

1. 使组织能够准确地进行形象定位

公共关系调查可以使组织准确掌握在公众中的形象地位。组织形象定位是组织在公众中形象的定性和定量描述。通过形象定位，可以检测出组织自我期望形象与其在公众中实际形象的差距，针对差距策划有效的公共关系活动方案。

2. 为组织决策提供科学依据

通过公共关系调查，组织才能了解公众的要求和愿望，作出符合公众要求和愿望的决策，通过认真实施决策，从而使组织在公众心目中建树起良好的形象。

3. 使组织及时地把握公众舆论

积极的公众舆论有利于组织塑造良好的形象，消极的舆论则有损于组织形象，甚至会造成组织的形象危机。因此，通过公共关系调查，监测公众舆论，以利于建树组织形象。

4. 提高组织公共关系活动的成功率

在开展某项公共关系活动以前，对主客观条件均要作现场考察，以便制订切实可行的计划，做好人、财、物的充分准备，使每项公共关系活动取得预期效果。

5. 有利于塑造组织的良好形象

公共关系调查从组织的主观方面讲，以搜集信息为主要目的，但在客观上，开展调查活动要同调查对象广泛接触。所以，调查人员也同时向公众传播着组织自身形象的信息。恰当的调查本身也会赢得公众对组织的好感。

三、公共关系调查的内容

公共关系调查的目的，不仅要了解组织面临的社会态势，而且要了解那些有关的公众的观点、爱好，他们对组织的态度和反应，以便为分析组织面临的问题，找出组织的自我期望形象与实际社会形象之间的差距，找出组织实际社会形象与公众期望形象之间的差距，为规划和改变组织形象提供科学依据。

基于公共关系调查的目的，公共关系调查的内容主要涉及到组织整体状况、内外公众状况、社会环境状况三个方面。

1. 组织情况调查

了解组织的状况和能力，是设计公共关系工作的基础。组织情况调查包括下列内容：

（1）组织自然情况。如组织的名称、性质、地理位置、机构设置、法人代表、职工人数、文化、年龄、性别、职务、职称结构等。

（2）组织社会情况。如组织的管理模式、业务范围、社会效益和经济效益、内外政策、优势及存在的问题等。

（3）组织历史情况。如组织的建立时间、重大事件、领导人情况、人员素质变化、发展阶段等。

（4）组织的现实情况。如组织的知名度、产品或成果的质量、数量、信誉、生产能力及社会需求等。

（5）组织的未来情况。如发展前景、近期目标、长远规划等。

组织情况调查，既要有综合情况，也要有分类情况，越详细越具有利用价值。

2. 公众意见调查

内外公众的状况和意见，是公共关系调查的主要内容，其调查结果决定公共关系的效果、对策和发展。

(1) 组织形象调查。组织形象是社会公众对一个组织的认识、看法和评价。主要调查下列几个方面：

1) 知名度调查。如公众对本组织的名称、标记、业务范围、产品种类或服务内容、领导人等是否了解，以及了解的程度、范围和途径。

2) 信誉调查。如公众对本组织的产品、服务是否喜欢，是否信任及信任的程度。

3) 公众评价调查。包括公众对本组织的方针、政策、管理水平、工作效率、社会活动、人员形象等进行的评价。

4) 同类组织比较调查。在同类组织中，比较其优势和劣势，学彼之长，克己之短。

(2) 公众动机调查。公众动机调查，包括公众对组织是否抱有偏见或特殊的喜欢，该组织的工作方式、产品服务、社会活动等方面是否与公众某种成见相冲突，或与公众的某种嗜好相吻合，或与某种社会时尚相一致。

(3) 内部公众意见调查。对组织及组织工作的评价。如对组织的总体工作是否满意，在与同类组织相比较中所处地位、优缺点、吸引力等。

(4) 公众需要调查。如了解每个公众的多种需要，特别是优势需要，以便有的放矢，有效地激励公众的积极性。

公众意见调查中要特别注意对颇有影响的"意见领袖"人物的调查。因为他们消息灵通，足智多谋，或有超人的胆识和品质，有一定的影响力和权威性，他们的意见往往能体现广大公众的意志。因此，公关人员要多与"意见领袖"交朋友，将"意见领袖"的意见作为调查内容的主攻方向。

3. 社会环境调查

社会环境的状况，关系到组织生存和发展的外部条件，也关系到公共关系工作发展的外部环境，是公共关系调查的重点。因此，公共关系部门应广泛调查搜集一切同组织有关的社会环境资料，使组织发展与公关工作的开展同社会环境的要求并行不悖。社会环境调查的主要内容有：

(1) 政治环境调查。应重视党和国家的有关路线、方针、政策、法令等，尤其是诸如经济合同法、环境保护法、劳动合同制等规定的调查。

(2) 经济环境调查。如宏观经济的发展、国民收入的水平、社会需求的变化、价格水平等。

(3) 社会问题调查。如社会上发生的重大事件、社会思潮、就业情况、消费倾向等热点问题，调查社会对上述问题采取的对策及可能对组织的生存和发展产生的影响。

(4) 其他组织的公共关系工作状况。如其他组织公共关系的规模、特点，有何新方法、新技巧等。其他组织公共关系活动的经验和教训，以便本组织从中获得有益的借鉴。

四、公共关系调查的过程

公共关系调查的全过程由四个相关的基本步骤组成。

1. 确定调查任务

确定调查任务，明确调查目的，确定调查对象、范围、规模、形式和方法。有了这些，就可以避免调查工作陷入盲目状态。

2. 制订调查方案

明确调查任务以后,就要着手方案的设计和计划的编制。调查方案主要是提出调查目的、理论框架和进行调查所需的各种材料。调查计划一般包括目的意义、调查内容及要求、调查对象、方式方法、步骤与时间、组织与领导、工作制度、经费及物质保证等方面的内容。

3. 收集调查资料

收集调查资料的过程,实则是调查方案的实施过程。在这个过程中须注意技术手段的恰当和合理运用,以保证所要收集资料的数量和质量,从而确保调查结论的准确性。

4. 处理调查结果

这是公共关系调查的最后一步,这包括两项内容:一是整理调查资料,即对所取得的全部资料进行检验、归类、统计等。二是形成调查结果,即将经过统计的数据制成图表,用形象地位差距图等表达出来,并进行文字分析,总体评价,以及加入必要的说明,最后形成一份完整的调查报告。调查结果和调查报告应及时提供给组织中的有关人员。

五、公共关系调查方法

公共关系调查要求尽可能全面系统地掌握有关的各种信息。信息的来源渠道可分为外源信息渠道和内源信息渠道。外源信息渠道是指从组织外部环境中获得各种信息的途径,内源信息渠道是指从组织内部获取各种信息的渠道。无论通过那种途径获取信息,均应根据调查方案的不同要求选择一种或多种合适的调查方法。主要的调查方法有:

1. 访谈法

分个别访问和集体座谈两种。个别访问的优点是谈话深入,受外界干扰小,缺点是费时太多。集体座谈省时间,信息来源广,涉及范围较大,但座谈者易受他人发言观点的心理影响。

2. 观察法

分参与观察和非参与观察两种。参与观察是和被观察者一起活动,从活动中观察了解有关信息,并能体验到观察者的角色感受,但容易受观察者的情绪感染。非参与观察是作为旁观者出现,冷静而客观地获取信息,但容易"走马观花",了解问题肤浅。

3. 问卷法(即民意测验法)

这是目前国内外社会调查中的常用方法。问卷法分为开放式问卷和封闭式问卷两种。开放式问卷对所提问题不作答案限制,由填答者自由表述感受和建议,但结果不好分类,难以统一标准衡量,不便统计处理。封闭式问卷是对所提问题给出几个可能的答案,由填答者有限制地选择,这种问卷分类明确,便于统计处理,但难以得到深入具体的建议。现在,常把两种问卷结合进行,对封闭式部分进行统计计分,开放式部分用以辅助分析和了解更深入的问题。设计问卷须注意:一张问卷的问题不宜过多(一般不超过30个);问题的措辞要简洁、准确、易懂、不带倾向性;问题的类型应按其类型、逻辑关系、对象心理合理安排。问卷的方式可采取邮寄、电话、上门分发等多种方式。

4. 文献资料分析法

文献资料分析法也称为"案头资料研究"。是利用历年统计资料、档案资料、样本资料等日常收集、整理、储藏的资料进行分析研究。

5. 追踪调查法

这是一种公共关系人员对特定对象进行定时、定点的反复调查法。其目的在于克服某段时间中所获取的是静态资料的缺陷,通过连贯性调查掌握动态资料,探寻事物的发展规律。这种方法可形成固定的信息反馈网点,但花费较大。

6. 公开电话法

公开电话法是在本组织设立公开电话,让愿意与组织联系的内外公众自由拨打电话,听取反馈信息,并可酌情奖励,以改善组织形象。

7. 抽样调查法

这是一种从局部调查结果获得整体调查结果的科学方法。常在调查对象众多时应用它。所谓抽样调查就是从全部调查对象(整体)中,按照"随机性原则"抽取一部分对象(局部)作为样本,对这些样本进行调查。"随机性原则"即抽取样本时,每一个对象都具有同等被抽取的机会。随机抽样的方法一般有以下几种形式:

(1) 简单随机抽样。当调查对象不太多时,将所有对象按顺序编号,用等距法,每隔一定间隔抽取一个对象作为样本,直到抽出所有样本。例如,某公司4000人,需抽出80人作样本,间隔为50人。当第一个样本随机抽得是第25号,则每隔50号可抽得其余样本号码是75,125,175,……,3975。也可采用抽签法,将所有对象的数字编号放入箱内,随意抽出所需样本号码。

(2) 分层随机抽样。又称分类随机抽样。即按照性别、年龄、职业、文化程度、居住地等特征,对全部有关对象进行分层(分类),然后从每层(每类)中抽取样本。

分层随机抽样有同比和异比两种方法。所谓"同比"是指分层后,按同一比例在各层中以简单随机抽样法抽取样本。例如,从总体5000人(男3000人,女2000人)中按1/10比例抽出500人为样本,那么,应从男性层次中抽出300人,从女性层次中抽出200人。所谓"异比"是指分层后,按照特殊需要在不同的层次中按不同的比例进行抽样。如为了更准确地了解上例中女性的态度,决定在女性层次中按1/5比例抽样,抽取400人,而对男性层次仍按1/10比例抽出300人,组成700人的样本。但最后分析调查结果时,应将男性回答结果扩大一倍,或将女性回答结果缩小一半,作为综合样本总体的回答结果。

(3) 整群抽样。即将对象总体系统内的基层分支单位看成抽样的基本单位(群)。用随机抽样方式从中抽取若干单位(群)作为样本,再对各样本单位(群)中的个体进行逐个调查。

六、公共关系调查信息的加工处理

对收集到的信息进行科学地整理分类,有目的地筛选和分析,才能理出问题的头绪。通常信息的加工处理分三步进行:

第一步是从汇总信息中,识别整理出同组织生存、发展关系较大的信息,输入组织的信息库。一般有三个环节:

汇总信息:利用各种渠道和方式收集信息,并记录和汇总。

整理信息:通过去粗取精,去伪存真,对汇总的信息进行筛选、辨析、分类、评价、综合、提炼、编写目录检索。

贮存信息:对分类和综合的信息进行摘抄、剪贴、装订、登记、归档。尽可能把整理后的信息输入电脑,以备检查分析。

第二步是确定问题。通过检索、分析信息,首先需要确定组织的现有形象地位和存在问题。通常用"组织形象地位四象限图"来评估组织形象。(图3-1)图中横标表示知名度,从左到右有0~100个标度。纵标表示美誉度,从下到上有0~100个标度。其中数字单位为百分比,如 50%=50。全图分为四个象限,象限Ⅰ为高知名度、高美誉度,象限Ⅳ为低美誉度、高知名度,其余类推。应用时,只需求出本组织的知名度、美誉度的百分比,再到四象限图中标出即可。比如一个组织抽样调查 800 人,其中 500 人知道组织情况,其知名度为 62.5%,知道组织的 500 人中有 300 人对组织加以称道,其美誉度为 60%。在座标图中可标出形象地位为 A 点。又如一个组织的知名度为 600:800=75%,美誉度为 200:600=33.3%,对其知名度和美誉度可标示在图中为 B 点。

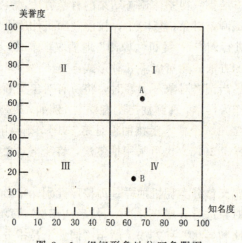

图 3-1 组织形象地位四象限图

组织形象地位四象限图较直观地显示了一个组织现有的形象地位。公关人员还应进一步剖析导致这种形象地位的构成原因,以及这种形象和组织自我期望形象,与公众对组织的期望形象之间的差距。这可以用"形象要素间隔图"来标示,如图 3-2 所示。

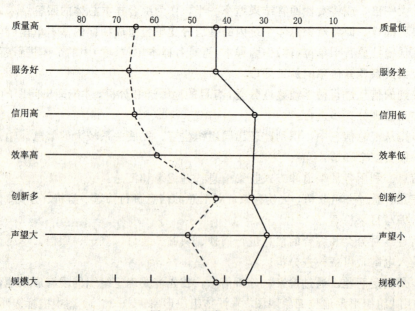

图 3-2 形象要素间隔图

在剖析形象地位构成原因时，还应将组织形象分解为相关的一系列要素。知名度可分解为组织规模、宣传成效、创新能力等要素。美誉度可分解为产品质量高低、服务态度好坏、经营是否公道、工作效率高低、是否诚信等要素。公关人员应事先确定欲比较分析的要素，换算成具体问题提出，向公众征求意见。代表每一要素的问题可分成3~9个等级，每个等级数字化，将所有调查问卷的每一项问题分别加总分，得出这一要素的总分，再求其平均值列入表中。表中每一横线代表一种要素，横线上的点即表示各要素的算术平均值。例如，图3-2共列出七条横线，代表七种要素。每一要素分为七个等级，级差为10。调查者在问卷中对该要素回答"最差"的以10表示，"相当差"的以20表示，"较差"为30，"一般"为40，"较好"为50，"相当好"为60，"最好"为70。计算方法如下：设调查100个公众，其中服务态度这一要素的评价为：5人认为最差（5×10）；10人认为相当差（10×20）；15人认为较差（15×30）；20人认为一般（20×40）；30人认为较好（30×50）；20人认为相当好（20×60）；0人认为最好（0×70）。对上述结果加总计分求算术平均值：（5×10+10×20+15×30+20×40+30×50+20×60+0×70）/100=42，将这一平均值42标在服务要素横线上即可。求其他要素平均值依此类推，并分别在各自横线上标出，再用实线连接起来，即得到公共关系调查得来的实际组织形象地位要素图。然后再将组织自我期望的各要素值标在横线上,或者将公众期望组织应达到的标准的各要素指标标在横线上，用虚线连接起来，即可发现组织在实际社会形象地位和自我期望、公众期望的组织形象地位在各要素上的差距，发现问题在哪里，从而明确今后公共关系工作的努力目标。

其次，需要确定组织即将面临的变化和问题。从调查收集到的大量信息中，还可能预示出组织将面临的环境变化、市场变化、科技动态，甚至有关于社会、政治、经济、文化发展趋势的信息。因此，公关人员不仅要对组织存在的问题作静态分析，还应把组织放到未来的环境中作动态分析，使组织保持居安思危，常盛不衰。例如，1981年以"王牌老大"自居的美国汽车在国际市场竞争中，被日本汽车夺走了销售冠军。美国企业家痛定思痛，一查原因，是对公众关系预测不太重视所致。而日本汽车业，从当时中东石油危机引发世界能源危机的深远影响出发，考虑到市场变化的潜在因素和消费者的利益，加紧研制省油、廉价的小型汽车，使石油危机每爆发一次，日本汽车在市场竞争中就获胜一次，最终取代了美国的汽车销售冠军。

再次，公共关系部门作为组织的有机组成部分，对调查信息反映出来的组织其他部门存在的问题和将遇到的问题，也应收集、整理、分送其他部门。既密切了部门间关系，也提高了信息利用率。

第三步是排列问题等级。按问题可能发生的时间顺序，列出解决问题的迫切性等级。应注明这些问题将分别于何时影响本组织，应先考虑解决哪些问题。按问题对组织发展影响的轻重，列出问题的重要性等级，这些问题孰轻孰重，应着重考虑解决哪些问题。

第二节　制订计划与方案

通过公共关系调查，制订一个周密而完整的公共关系计划或实施方案，是克服工作的盲目性，使公共关系活动顺利实施的保证，也是"公共关系四步工作法"中最难的一步。

制订计划和方案的过程,简称"策划",它由"确立目标"和"制订方案"两个阶段组成。

一、确定公共关系目标

公共关系目标是公共关系活动的方向。选择明确而恰当的目标,并以此来设计、调整和配置各项工作,有的放矢地安排各项活动,是整个公共关系工作的关键。

(一) 确立公共关系目标的四项原则

公共关系目标的确立,是以公共关系调查掌握的信息和确认的问题为基础,同时遵循确立目标的四项原则。

整体原则。公共关系部门既是组织整体的有机组成部分,也是组织与公众打交道、建树组织形象的部门。其活动应能体现和符合组织的整体利益,也能反映公共关系的要求,履行社会责任。因此,确立目标应从组织和社会的整体利益出发,既考虑到与组织整体目标的一致性,又要考虑到与社会整体利益的一致性。

现实原则。确立目标应考虑到内外环境所具备的条件,以及组织的需要和实现的可能性。把目标订得太高,使之望而却步,丧失信心;把目标订得太低,使之轻而易举,失去指导作用。从现实原则出发,目标应具有挑战性,可行性和可控性。

长远原则。公共关系活动主要着眼于组织的根本利益和长远发展。因此,确立的目标应能超脱组织的局部利益和暂时利益,更应避免急功近利的短期行为。一方面要注意现有问题和各种问题的征兆,提出目标,防患于未然,另一方面要根据社会发展趋势,配合组织的长远利益来设立目标。

效能原则。由于各类公众有着不同利益,他们对组织的期望也不尽相同,甚至相互背离。因此,在确立目标时,既要注意到各类公众的共同利益和共同要求,同时又要考虑首要公众的特殊要求,但不能面面俱到,使自己陷入进退维谷的窘境。例如,国外有种先进的重点管理法,又叫 ABC 分析法,它是从 ABC 曲线转化而来。当年意大利经济学家巴雷托发现社会财富分配不均:

A 类:占人口的 5%~15%,收入占总收入的 70%~80%;

B 类:占人口的 15%~30%,收入占总收入的 20%~30%;

C 类:占人口的 60%~80%,收入占总收入的 5%~10%;

他从 ABC 曲线的分析得出"关键的少数和无关紧要的多数"的结论。后来美国通用电气公司对所属工厂的库存物质采用 ABC 图解法进行管理,对 A 类的物质压缩库存,重点控制,对 B 类的物质按常规库存,对 C 类的物质集中大批订购,以节约费用。从而降低了周转库存,节约了大量流动资金。现在,ABC 分析法不仅用于物质管理,也用于生产作业计划、人事管理和公共关系活动。ABC 分析法的核心就是从多因素事物中抓住重点,兼顾一般,提高效能。

(二) 确立公共关系目标的三个基本步骤

第一步要了解实现自我期望的可能性。通过"组织形象地位四象限图"和"形象要素间隔图"的分析,已了解了组织存在的问题。现在须进一步分析形成这些问题的原因,找到解决问题的条件,掌握实现自我期望形象的可能性。无疑要明确人、财、物、产、供、销各方面的基本条件,还需充分了解组织决策层具有的能力、魄力和他们的期望水平;还应了解全体员工的素质、士气和潜能,他们对组织的态度和期望;还应了解社会各方面能为组织实现自我期望形象提供一个什么样的环境和条件，有哪些可资利用的手段和方式。根据这四个方面的条件，即可制订出切实可行的公共关系目标。

第二步是规划出明确的战略目标。最重要的公共关系目标就是"形象定位"或"树立固定的形象"。因此，要把符合组织的性质，具有特色的自我期望形象体现到战略目标中去。

第三步是战略目标分解成具体的公共关系目标体系。心理学研究证实，如果将大目标分解成若干个小目标，就容易使人看到一个又一个的成效，产生成功的喜悦，成为人们继续前进、战胜诱惑和压力的精神支撑点。所以将一个时间涵盖面长，内容比较概括、抽象的战略目标，分解成具体的目标体系，伴随一个个小目标的完成，把人们自然导向大目标（即战略目标）的实现至关重要。

（三）公共关系的目标体系

公共关系的目标体系，从时间上可分为长期目标、中期目标、近期目标。

所谓长期目标，是涉及到组织长远发展和经营管理战略等重大问题的目标，它与组织的整体目标相一致，它比较抽象地反映了组织在公众中应具有的形象，是组织理想的信条。一般不是短期内能实现的，时间跨度在五年以上。围绕长期目标可制订出具体实施的中期或近期目标。其内容具体，有明确的指导性，对公共关系工作有着实际的指导作用。它是实施长期目标的积累过程。

从程度上可分为重要目标、次要目标；依其活动内容可分为产品形象目标、产品性能目标、服务质量目标、公众关系目标等；依其沟通内容可分为信息传播目标、情感沟通目标、引起行为目标等。无论何种目标，都应该有明确的目标内容，以及完成目标的时间期限。总之，应使公共关系目标系统化、具体化，并具有可操作性，以便于实施、检验、评价和调整。

二、制订公共关系方案

公共关系方案是落实公共关系目标的具体规划，是实现公共关系目标各种措施和对策的总和。

（一）制订公共关系方案的几点要求

1. 目标明确、稳定

公共关系方案是实现公共关系目标的行动指南。因此，在考虑方案的内容、步骤、措施时，要保证计划方案与目标体系的一致性，不能因方案的方便与否临时修改目标。同时，各阶段方案应具有承上启下的连续性，不能随心所欲地改变计划。

2. 内容实在、具体

由于公共关系目标可实可虚，可深可浅，具有伸缩性。使得计划方案的各个环节在时间、地点、方式、经费上都应予以落实。

3. 方案配套、灵活

由于社会环境和公众对象既有稳定性，又有变化性，使得计划方案的制定应考虑各种变动因素，既要有常规措施，也应有对付突发事件的协调措施。

（二）公共关系计划方案制定的程序

1. 设计主题

根据公共关系目标体系，实现每一项目标均应设计出高度概括、提纲挈领的主题。围绕主题统帅一个阶段的活动称为主题活动。

设计主题要遵循以下原则:一是要使主题成为统帅整个活动,连接各个项目,各个步骤的纽带;二是主题要与公共关系活动的目标相一致,并能充分体现目标;三是主题要独特新颖,简明生动,具有个性和感召力;四是主题要力求适应公众对象的心理要求。

公共关系主题活动的表现方式很多,可以是一句口号,甚至是一个格调高雅的楹联。例如,丰田汽车公司在中国推销产品的活动主题是"车到山前必有路,有路就有丰田车",这个在中国人人皆知的谚语,特别容易引起公众对象的关注。又如,美国施特罗酿酒公司是生产17种酒的全美第三大啤酒公司,但一直被误认为是底特律市的小啤酒厂。在AMF公共关系公司帮助下,他们确立了扩大知名度的公共关系目标,围绕这一目标,他们精心设计了四项主题活动。于1983年开始搞施特罗摩托运动大赛;于1984年开始为球迷定期发布全美冰球联赛各队的累计进球数和罚球数;于1984年帮助地方销酒行业举办经验交流会和为酒店传授减少酗酒现象的经验;于1985年举办为自由女神而跑的筹集自由女神资金的长跑活动。

2. 分析公众

公共关系活动的对象,是由公共关系目标体系确定的目标公众。一般把目标公众按两种标准划分:一种是按目标公众对实现组织公共关系目标的影响程度,将目标公众分为关键对象、重要对象、一般对象,以便在工作中能分清主次轻重;另一种是按实现组织公共关系目标的范围,将目标公众分为本行业对象、本地区对象、全国性对象,以便制订出有针对性的活动计划。确定目标公众类型后,还要掌握不同目标公众的需求特点、行为方式,使计划和方案更加符合实际,切实可行。例如,A饭店以脖子上挂钥匙的中小学生为主要对象,树立"薄利多销,诚挚服务"的形象;而B大酒店是以豪华商贾为主要对象,树立"豪华排场,一流服务"的形象,它们各自的形象设计都是成功的,都能吸引自己的主要公众对象。

3. 选择媒体

公共关系活动的方式和传播媒介,是根据公共关系目标的要求和针对目标公众的情况分析来决定的。可供选择的方式和传媒有人际传播和直接接触活动,如个人会见、书信电话来往、礼节性拜访等;有群际传播和群体活动,如信息发布会、座谈会、联欢会、展览会,举办艺术活动、体育活动等;有大众传播和社会活动,如报刊、广播、电视、广告、社会公益活动等;以及其他活动方式和传播媒介,如产品介绍目录、使用说明书、组织服饰、徽章等。只有选择恰当的方式和媒介,才能事半功倍地实现目标。

每种活动方式和传播媒介都有其特点和不足,每类目标公众对其各有所好。因此,制订计划方案时,要针对目标公众的类型、特点和爱好,选择与之相适应的具体活动方式和传播媒介,同时具体方案中所选择的版面、栏目、节目、艺术体育活动等,要能引起目标公众的兴趣和注意;所确定的活动时间要符合目标公众的作息制度和生活习惯。总之选择活动方式和传播媒介是较为复杂而细致的工作,需要公关人员具备良好的综合素质和驾驭公共关系活动的能力。

4. 预算经费

编制经费预算的目的,主要是为了事先对每项活动花费的人力、物力、财力进行估算和统筹安排,避免浪费和超支,做到胸中有数,保证公共关系活动的顺利开展。编制预算的方法主要有两种:一种是"按组织收入抽成法",另一种是"目标作业法"。

公共关系活动费用主要有员工报酬（工资、补贴和奖金）、办公费（办公用品、电话、房租、水电、报刊等费用）、传播媒介使用费、设备器材费（宣传纪念品、音响影视器材）、实际活动费（调研、出版物、专题活动、影视资料制作、赞助费等）。

5. 审定方案

对此应做两方面的工作，一是优化方案，就是从增强方案的目的性、可行性、降低耗费出发，采用重点法、轮变法、反向增益法等对方案进行优化的过程。二是方案论证，就是请有关领导、专家和实际工作者对计划的可行性提出问题，由策划人员答辩论证。

计划方案经过论证后，必须形成完整的书面报告，并报本组织的领导审核和批准后，方可实施。

为了说明计划方案的编制过程，下面举一个推销滞销公寓的例子。

美国某房地产公司在密执安湖畔建造了几幢质量上乘、设施良好的豪华公寓，命名为港湾公寓。这里虽景色迷人、服务优质、价格合理，但开业三年仅售出35％，降价也不见起色，公司只好通过公共关系活动来推动销售。

首先，找出滞销原因。通过调查发现，湖畔居住的公众对公寓存在疑虑。比如：住进去是否会太清静寂寞，交通不便是否会影响购物，小孩上学怎么办以及娱乐和夜生活。

针对以上问题，公司确定了公共关系整体目标，即创造推销公寓的良好氛围，变滞销为抢手。

(1) 制订实施分目标。为了实现整体目标，制订下述具体分目标：
1) 在公众中树立公寓内部设施与社会服务环境相配套的完整形象；
2) 在公寓已有住户中建立融洽的内部环境与和谐氛围；
3) 改善公寓外部交通条件；
4) 争取本地"意见领袖"住进港湾公寓；
5) 制造新闻，提高知名度。

(2) 选定公众对象。对应上述目标，分别选定公众对象：
1) 确立潜在公众为各类公众中优先目标；
2) 周围现有住户是推销公寓的主要目标；
3) 一般公众和政府部门；
4) "意见领袖"；
5) 新闻记者。

(3) 在编制经费预算的同时，制订具体的行动方案。其计划方案是：
1) 完善港湾的生活服务设施。比如，开设商店、音乐厅、酒吧、游泳池及学校、幼儿园等；
2) 选定感恩节开展各种活动。如通过已有住户向其亲友发贺年片、明信片，组织马戏团演出等；
3) 资助政府建造小岛屿与陆地联结的公路；
4) 组织政府官员、企业家、体育明星、电影明星等社会名流参观公寓；
5) 组织芝加哥历史纪念品大拍卖活动，向建筑教育基金会捐款；
6) 利用美国国旗确立200周年之际，在公寓楼前举行升旗仪式。

这些活动计划为进一步开展的公共关系活动奠定了良好的基础。

第三节 计划方案的实施

公共关系计划方案的制订到目标的实现，尚有一段相当长的距离，使得计划方案的实施成为整个公共关系活动的中心环节，也是最复杂、最具体的工作阶段。

一、确定公共关系的活动方式

公共关系工作所付出的一切努力，都是为了谋求公众和社会对组织的理解和支持。要把仅是良好愿望和理想设计的计划方案具体实施，变为现实，需要首先确定公共关系的活动方向，然后选择相关的传播媒介。可供使用的活动方式有：

1. 以公关功能为依据的活动方式

（1）宣传性公关活动。这是运用大众传播媒介，传递组织信息，影响公众舆论，迅速扩大组织社会影响的活动方式。它适用于各类组织。其具体形式有：发新闻稿、作公关广告、印刷公关刊物和视听资料、开记者招待会和展览会、演讲或表演等，广泛使用报刊、电视、广播等不同传播媒介。须注意的是，既传播组织信息，又接收公众反馈信息，这是一种双向活动。

（2）交际性公关活动。运用各种交际方法和沟通艺术，广交朋友、协调关系、化解冲突，为组织创造"人和"的社会环境。它是应用最广泛的公关活动之一。其具体形式有社团交际和个人交际，如各式各样的招待会、宴会、恳谈会、茶话会、舞会、专访、讯函等。其特点是形式灵活，直接沟通，增加亲密性，加强感情联络。

（3）服务性公关活动。以优质的服务行为作特别媒介，吸引公众，感化人心，获取好评，赢得信任与合作，使组织与公众之间更为融洽、和谐，提高社会信誉。它适用于各类组织。如各种消费教育、售后服务、免费保用保修等。其特点是用行动作为无声的语言，实在实惠，易被公众接受，见效快。服务的目的不仅是促销，更重要的是塑造组织形象，提高美誉度。

（4）社会性公关活动。以组织名义发起或热心参与节目演出、庆典、公益、慈善、文化、教育、艺术体育等社会性活动，在支持社会事业的同时，扩大组织影响，塑造组织的美誉形象。其活动形式是对上述各项重大社会性活动提供支持和赞助。其特点是社会参与面广，与公众接触面广，社会影响力强，能够同时提高知名度和美誉度。但形象投资费用也高，应着眼于整体形象和长远利益，不能贪多求大，要量力而行。

（5）征询性公关活动。运用社会调查、民意测验、舆论分析等信息反馈手段，了解民情民意，把握形势动态，监测组织环境，为决策提供咨询，为公众更好服务。它以提供信息服务为主。具体形式有：开办相关咨询业务，建立信访与合理化建议制度，设立热线电话，制作问卷调查，分析新闻舆论等。其特点是以接收信息为主，是整个双向沟通中不可缺少的重要机制。

2. 以公关状态为依据的活动方式

（1）建设型公关活动。适用于组织初创阶段，以及某项事业、产品服务的初创、问世阶段。这时，力图尽快打开局面，扩大影响，提高知名度，须采用高姿态的传播方式。其方式主要有开业广告、开业庆典、新产品展销、新服务介绍、开业折价酬宾等。其重点是通过宣传和交际，以优质服务、高质量产品，让更多的公众知道、接近、信任自己，并获得支持。

（2）维系型公关活动。适用于组织稳定，顺利发展的时期。为了维系已享有的声誉和良好的社会关系，采取持续不断而又低姿态，潜移默化而又能渗透的活动方式。如保持一定的见报率，竖立于高大建筑物上的企业名称、标志、巨型广告，逢年过节的专访慰问，对内外老关系户的优惠、奖励等。维系型公关活动是针对公众心理特征精心设计的。

（3）防御型公关活动。当出现潜在的公关危机时，为了防止公共关系失调，通过重视信息反馈，及时调整组织结构、方针、策略或经营方式等，以适应环境变化和公众要求的活动方式。它多采用调查、预测等手段，及时发现组织发展中潜在的危机，向组织决策层和相关部门提供建议和改进方案，并协助实施。

（4）进攻型公关活动。主要是组织外部环境剧变，出现难以协调的矛盾冲突时，为了化被动为主动，以攻为守，抓住有利时机迅速调整策略，开辟新环境的活动方式。组织可以通过研制新成果、新产品，不断开拓新市场，建立新伙伴，减少与竞争者的摩擦与冲突，克服消极因素的影响，创造新的适应环境。

（5）矫正型公关活动。是公共关系严重失调，组织形象受到严重损害时，为了挽回信誉和影响，采取各种矫正性的传播手段，及时采取一系列补救措施，稳定公众舆论，重塑组织形象的活动方式。此时，公共关系部门应及时查明组织形象受损的外部原因和内在原因，迅速制订对策，采取行动，控制影响面，矫正损害组织形象的行为和因素，重塑组织新形象。

3. 确定活动方式的原则

（1）适应性原则。要求公共关系人员根据组织的特点，组织发展的特定要求，社会环境具备的条件，以及公众的不同类型，不同要求选择不同的活动方式；不同类型的组织机构，或同一组织的不同发展阶段，或同一阶段中不同的公众对象及公关任务，都需要选择有针对性的活动方式。

（2）可行性原则。目标公众的态度是检验公共关系计划方案及其活动方式是否可行的试金石。如果目标公众对组织已实施和正在实施的活动方式持注意和赞赏态度，表明计划方案与活动方式是可行的，应当坚持下去；如果目标公众的态度是漠不关心，视若罔闻，就应该坚持公共关系总目标，部分修改计划方案，重点放在调整活动方式的选择和改进上，注入新的活力，使之与目标公众的兴趣、利益发生更密切的联系；如果活动方式引起目标公众反感，甚至对立，则应暂停计划方案的实施，重新制订计划和选择活动方式，决不可强行实施。确立活动方式必需坚持这一可行性原则。

（3）创新性原则。确立何种活动方式应从实际出发，不能生搬硬套，也不要拘泥于模式框框的束缚，而应大胆创新。既要吸收并借鉴发达国家、别的组织的一切优秀成果，更要随着社会的发展、公众意识的变化，创新出更有效的公共关系活动方式。

二、选择传播媒介

确定了适当的公关活动方式，就要进一步考虑选择恰当的传播媒介。公关活动中常用的传播媒介有：电子媒介、印刷媒介、实物媒介、语言媒介等。各种媒介各有其优缺点。只有选择恰当，才能取得良好的传播效果。在传播活动中可遵循以下原则进行：

（1）根据公关目标、实际需要去选择。组织在不同的发展时期，有不同的工作目标，这样，就要根据工作目标和实际需要，确定适当的传播媒介。例如，组织的目标是提高其知名度，则可以选择大众传播媒介；如果组织的目标是要调整内部关系，则可以通过人际传播和群体传播，通过对话、交谈等方式来解决。

（2）根据传播对象选择媒介。不同的组织有不同的公众对象，而不同的公众对象，适用不同的传播媒介。要使信息有效地适应公众对象，就必须考虑其职业、文化程度、经济状况、生活习惯以及接受信息的方式等，这就要求组织在进行公关传播之前，根据实际情况进行选择，才能被公众对象所接受。例如，传播对象是家庭主妇，电视和趣味性的杂志是最好的媒介，传播对象是早出晚归的汽车司机，最好选用广播媒介。

（3）根据传播内容选择媒介。传播对象确定后，还要考虑传播内容的特点，以便确定信息将采用哪一种传播方式，大众传播还是人际传播。总的说来，应将信息内容的特点和各种传播媒介的优缺点结合起来综合考虑。例如，内容较简单的报道可选择广播，它覆盖面广，传播速度快，对文化程度要求不高；对较复杂、需要反复思索才能明白的内容，则可以选择报纸和杂志。

此外，只对本地区有意义的信息应选择地方性的传播媒介，而不要选择全国性传播媒介；只对一小部分特定公众有意义的消息也不必采用大众传播媒介，可用书信往来。

（4）根据经济条件选择媒介。组织使用传播媒介，都需支付相应的费用，采用的媒介越先进，费用就越高。因此，组织在选择不同媒介时，要根据自己的实力，以最少的投入获取最大的利益。

三、排除实施计划的障碍

计划方案实施过程中常见的障碍有两种类型：

1. 公共关系计划中的目标障碍

这是指计划方案中所拟订的公共关系目标不明确、不具体，而给实施过程带来的障碍。如公共关系目标不符合公众利益，必然在实施中受到目标公众的抵制；目标过高，则会使实施人员望而却步；目标过低，则不能唤起目标公众的合作热情。为了顺利地开展实施活动，必须排除各种目标障碍。因此，实施人员在开展工作之前应该审慎地检查：第一，检查计划目标是否切合实际并可以达到；第二，检查计划目标是否可以进行比较和衡量；第三，检查计划目标是否指出了所期望的结果；第四，检查计划目标是否是计划实施者在职权范围内所能完成的；第五，检查计划目标是否规定了完成的期限。

2. 计划实施中的沟通障碍

在实施过程中，常见的沟通障碍主要有：

（1）语言障碍。语言是人类表达情感、交流思想、协调关系的沟通工具。在不同国度、不同民族之间，在同一国度同一民族的不同地区之间均会出现语言上的沟通障碍，甚至语义、语音不同也会使沟通出现障碍。例如，一个公安人员发现犯罪嫌疑人，即向科长汇报。科长指示："可以搞来审查一下。"于是该公安人员把那人铐来了，审查结果无任何嫌疑。放人难啊！科长发火了："谁叫你把他铐来的？"公安人员回答："你不是说可以搞来审查一下吗？又没有说过不能铐来。"科长顿时语塞。可见学习和掌握普通话是多么重要。

（2）习俗障碍。不同的风俗习惯也常造成沟通的误解，以致使沟通受挫。如中国及许多国家的人均以点头表示赞同，摇头表示否定，而尼伯尔、斯里兰卡、希腊等国家，则恰恰相反。又如翘起大拇指表示夸赞、佩服，在英、美、新西兰等国，用这一手势还代表要求搭车，但在希腊，表示要对方"滚蛋"，变成了一种侮辱人的信号。

(3) 观念障碍。封闭、狭隘、极端等观念也会造成沟通上的障碍，为此，须加强学习，提高认识，解放思想，更新观念。

(4) 心理障碍。是指人们的认知、情感、态度等心理因素对沟通造成的障碍。如日常生活的意见冲突，谈判桌上的各执己见，往往是心理上误解或曲解了对方观点所造成的。

(5) 组织障碍。合理的组织结构能够有效地进行内外沟通，否则将成为束缚沟通的绳索。沟通过程的组织障碍表现在：一是传递层次过多造成信息失真；二是机构臃肿造成沟通缓慢；三是条块分割造成沟通"断路"；四是沟通渠道单一造成信息量不足。

由于障碍的类别不同，特点各异排除沟通障碍时应注意：

第一，缩小传播者与其公众之间的差异，解决办法有：利用与公众所处的社会位置最接近的媒介；针对具体问题，利用公众心目中信誉较高的传播媒介；尽量减少与公众在态度上的冲突，用公众可以接受的语言或事例来说明所要沟通的问题；确定大多数公众的立场，表明自己与这些人的立场一致；发挥"公众细分"的作用，"公众细分"将会帮助沟通者得到积极的反应；根据形势需要随时调整反映组织要求的信息。

第二，沟通者必须牢记以下基本事实：公众乐于接受与他们切身利益密切相关的信息和与他们原有认识、态度相一致的信息。各种大众传播媒介创造了它们各自的公众社会；大众传播媒介所产生的社会影响并非都可以测量出来。

第四节　公共关系效果评估

公共关系活动计划实施的成效如何，是组织决策部门和公共关系人员共同关心的问题，以社会实践效果为客观标准，对组织公共关系方案、实施及效果进行衡量、检测、评估和总结，以判断其优劣，是一项十分重要的工作。

一、公共关系效果评估的意义

1. 效果评估是改进组织公共关系工作的重要环节

公共关系效果评估具有"效果导向"功能。在最后评估阶段，对方案本身、实施过程、公共关系人员的表现均要给予检测，总结并分析成功的经验和失败的教训，还能从中发现新情况、新问题，从而指明改进工作的方向，为今后公共关系工作提供借鉴。

2. 效果评估是开展后续公共关系工作的必要前提

组织公共关系工作具有阶段性和连续性。每一项公共关系工作通过效果的分析和评估，既能为组织决策提供依据，也为后续公共关系工作方案的制订和实施提供经验教训，夯实工作基础。

3. 效果评估是检验公共关系工作优劣的基本手段

公共关系工作主要是由公共关系部门的员工集体承担的。他们分工协作，有各自的责任、任务和权益，所付出的劳动应得到公正评价，唯一有效的基本手段是通过效果评估。同时，通过效果评估，使员工对自己工作成效看得见、摸得着，激发起荣誉感和归宿感；员工之间进行对照、比较，找出差距，激发先进，鞭策后进，以便更好地调动员工的积极性和主动性。

二、公共关系效果评估的内容和方法

1. 方案目标的检测

检测方案中公共关系目标体系的各项目标是否达到。比如,"提高知名度"是"塑造良好组织形象"的一个分目标,并定量要求从20%提高到50%。要检测这一分目标是否达到,就要在效果评估过程中,把搜集到的有关资料进行定性分析和定量分析,将分析结果与原订目标进行对比,结论容易得出。

对实施过程的活动方式及传播媒介作出评价。对此,要求掌握公众对组织实施各项活动方式的态度,弄清楚各种大众传播媒介是怎样报道的,分析媒介的作用,以及公关人员在其中所起的作用等。

检查经费预算的执行情况,分析评估人、财、物的耗费是否值得,并找出原因。客观公正地评价公共关系部门及员工的功过业绩。此外,还要从社区关系、政府关系等方面加以评估,最终获得组织的整体形象。

2. 效果评估的方法

(1) 自我评估法。由公共关系人员直接进行公共关系效果评估。他们亲历公共关系工作过程,体验最多,感受最深,从而对其成效的理解有独到之处。优点是有助于公关人员的经验总结,提高自身的思想水平和业务素质。但容易出现当事者迷,带有一定的主观片面性。

(2) 目标评估法。它要求对照方案中公共关系目标体系,评估总目标、分目标以及公关人员个人目标等是否逐项落实。评估各项基本目标时,不仅要评价出定性的结论,还需要用定量分析获得的统计数字加以衡量,才能令人信服。比如,组织信誉看好,理解支持程度加强,投诉减少,老客户稳定,回头客增多等都是定性描述的结果,还需要用量化的百分比来表示。

(3) 专家评估法。这是由公共关系方面及有关方面的专家来审定方案,考察实施过程,调查实施对象,与实施人员交换意见,最后写出评估报告,鉴定公共关系活动成效。这种方法能借助专家的丰富经验,超越组织环境的局限,如实鉴别公共关系工作中的成败,使评估工作有较强的客观性。

(4) 舆论调查法。用于评估公共关系活动效果的舆论调查有两种具体方式:一是比较调查法,即在一次公共关系活动前后分别进行一次舆论调查(即一种民意测验),比较前后调查的结果,分析公共关系活动的效果。二是公众态度调查法,即在一系列公共关系活动之后,对主要对象公众进行调查,了解其对组织的评价如何和态度的变化,分析公共关系活动效果。

以上是几种常见的公共关系效果评估的方法。根据需要可择其中一种或多种方法进行效果评估。

三、公共关系效果评估的程序

1. 重温公共关系工作的目标

组织公共关系目标既是公共关系开展各项工作的努力方向,同时也是评估组织公共关系效果的尺度。既不提高标准,也不降低要求,用这个尺度来检测公共关系目标是否实现。

2. 搜集和分析资料

利用公共关系调查研究的各种方法,搜集对象公众的各种信息和资料,然后进行分析比较,看哪些超越了预期目标,哪些实现了目标,哪些还没有达到,原因何在。比如,利用搜集到的有关知名度、美誉度的资料,再制作一次"组织形象地位四象限图"和"组织形象地位要素间隔图",检查一下组织的实际形象地位;检查公众和自我期望形象要素之间的差距缩小程度,是不难发现公共关系工作成效的。

3. 向决策部门报告评估结果

公共关系效果评估负责人,必须如实地将评估结果以正式报告的形式上报组织决策部门及最高决策层。

4. 把评估结果用于决策

这是公共关系评估工作的最后一个步骤,也是最终目的。评估结果,一方面用于后续公共关系计划方案的制订,另一方面用于组织的总目标、总任务、总决策的调整。

四、报告公共关系活动成果

公共关系计划的实施情况及其效果,是公共关系人员和组织领导层所共同关心的。向组织领导层及时报告公共关系活动效果,使他们对公共关系工作的意义、活动方式及其效果加深了解,对这项工作做出恰当的判断和评价,为今后的工作争取到更多的支持。尤其是公共关系工作在我国开展的时间不长,有些组织的领导把这项工作视为可有可无,就更应该争取他们理解和支持。

报告的内容:主要是陈述公共关系活动的开展情况和取得的成果,对公共关系工作的效果进行质量的分类评价,并进行数量上的说明。一是要将具体实施的公共关系计划、经费开支与原计划经费预算加以比较;二是就公共关系的长期目标、中期目标、近期目标以及特殊目标的实现情况加以说明,指出达到的程度及存在的问题、差距;三是将现有组织形象地位的状况和公共关系活动开展前的组织形象地位加以比较,列出简图,并说明改善的状况、原因;四是将公共关系工作结果与组织的总目标、总任务联系起来评价,并附以具体可见的和可检测的成果作论证说明。

报告的形式常用书面的或口头的两种。书面报告有年终总结、年度报告、定期备忘录和工作报告,情况通报和简报。口头的有小组或委员会会议,工作汇报会。无论哪种报告形式,若辅以图表、图片,都可以使报告更加生动、形象,效果更加理想。

复 习 思 考 题

1. 公共关系调查有什么意义?可采用哪些方法?
2. 公共关系调查包括哪些内容?
3. 如何设计公共关系活动的主题?
4. 在公共关系计划的实施中怎样确定活动方式及传播媒介?
5. 公共关系效果评估有什么意义?
6. 衡量和评估公共关系活动效果,应采用什么方法?

第四章 企 业 文 化

我国经济体制改革的目标是建立社会主义市场经济体制。这是我国经济体制改革在实践和理论上的重大突破。在深化改革、建立社会主义市场经济体制的过程中，建设有中国特色的企业文化，对于建立现代企业制度，强化企业管理，加强思想政治工作，提高企业经济效益和社会效益都具有十分重要的意义。

第一节 企业文化的涵义

一、企业文化的提出

企业文化作为一种客观现象，是随着企业的产生而出现的，即在企业这一经济组织诞生之时，就存在着企业文化。但人们对这一客观现象的认识和研究，则始于20世纪80年代初期，是由美国波士顿大学教授斯坦利·M·戴利首先提出来的。其核心内容是：吸取传统文化的精华，结合当代先进的管理思想和管理理论，为职工树立一整套明确的价值观、工作观、行为观，并利用它来帮助企业进行有效的管理。

从70年代起，美国经济长期处于一种停滞状态，而日本经济则发展迅速，许多产品大量冲击和占领美国曾居于优势的市场。这一严峻现实引起美国各界的震惊和反思。经过多方面的研究分析，美国学者发现，日本经济发展的重要原因之一在于成功的企业管理。而日本的企业管理方法中有不少是为美国企业界所忽略的，其根本性的差异在于：美国企业注重管理的"硬件"方面，即强调理性的科学管理；日本企业不但注重管理的"硬件"方面，而且注重管理的"软件"方面，即重视企业中的文化因素，如全体职工共有的价值观、职工对本企业的向心力、企业中的人际关系等。分析比较的结果使美国学者认识到，文化是企业管理中不可缺少的重要因素，是一个企业成功与否的关键。为此，他们提出要学习借鉴日本社会和企业中许多独特的社会因素，培育和发展自身的企业文化。与此同时，许多学者著书立说，探索企业文化的理论与模式。美国关于企业文化的研究也引起日本企业界和理论界的强烈反映，并相继波及到其他国家，由此兴起一股世界范围的企业文化热潮。从对企业生产力的挖掘推进到对企业文化的探索，标志着现代管理理论的一个新的发展趋势。

二、企业文化的涵义

所谓企业文化，是指在一定的历史条件下，企业及其职工在生产经营和变革的实践中逐渐形成的价值观念体系及其相应的文化教育活动的总和。它包括两个方面，从其内在本质方面来看，指企业职工的价值观念、行为规范、道德伦理、习俗习惯、思想意识和工作态度等；从其外在表现来看，指企业各种文化教育、技术培训、娱乐联谊活动等。企业文化就是由这两方面互相统一而形成的企业精神风貌。

这一定义表明了企业文化的内容。企业文化是以经营哲学和企业精神为核心的文化，它是以企业的生产经营活动和企业行为、企业形象为载体，是企业所创建的商品经济文化和市场竞争文化。企业文化是一种群体意识，即处在同一环境中的企业全体职工，为了共同的目标而形成的共同意识。这种群体意识是在竞争中产生的。由于竞争的需要，企业管理者应在全体职工中提倡有本企业特色的意识。全体职工把自己的利益与企业在竞争中求生存、求发展紧密地联系在一起而认同这种意识，并贯彻到企业的经营管理、参与社会事务、开展劳动技能竞赛等活动中去，进而在社会上树立良好的企业形象。

作为一种组织文化，企业文化中包含着以下三种不同的文化形态：一是物质文化，包括企业的产品、物质技术装备、生产工艺水平、服务项目、环境设施等；二是制度文化，包括企业的组织制度、规章条例、管理方式、奖罚措施等；三是精神文化，特指企业精神、企业的价值观念、企业信誉度与美誉度、职工的道德规范、职工的文化素质与行为取向等。这三种文化形态在企业文化结构中位于不同的层次和地位，其中物质文化处于企业文化结构的表层，着眼于企业中物质要素的存在方式，具有直观的物质形态；精神文化处于企业文化的核心层，着眼于企业中人的存在方式，蕴含于企业管理者与职工的心理及行为活动之中；制度文化主要是通过组织和制度规章将人与物连接组合起来的纽带，因而处于企业文化结构的中间层次。由此可见，企业文化实质是由物质文化、制度文化和精神文化按照一定方式和层次结合而成的有机整体。

三、企业文化的构成要素

企业文化是具有丰富内涵的亚文化系统，其中包括一系列基本构成要素，这些要素是构建企业文化的基础。任何形式和特点的企业文化，一般包括以下一些要素：

（一）企业价值观念

企业价值观念是指企业及全体职工在创造物质财富和精神财富的生产经营过程中，关于客观事物对于企业是否有价值以及价值大小的共同认识或看法。它是企业具有鲜明个性特色的思想观念及其意识状态，体现了一个企业的基本概念和信仰，反映了企业内部衡量事物重要程度及其是非优劣的根本标准，因而是企业文化的核心和基石。价值观念的确立，对企业文化的其他要素具有决定作用，其他要素都是以一定的价值观念为基础建立和形成的。价值观念的实质在于客观事物能否满足企业及全体职工的共同需要。形成企业的价值观念必须体现系统观念、效率观念、竞争观念、创新观念、人才观念等，依靠企业的全体员工共同努力工作和不懈的追求。

企业价值体现了企业的最高目标和宗旨，任何一个企业总是把自己认为最有价值的对象作为本企业努力追求的最高目标和宗旨，并用简练具体而又能表现企业自身个性与志气的语言表述出来。如罗斯住宅公司表示为"为人们创造最美好的环境"；深圳市居亦置业有限公司提出："追求卓越，力创中介名牌"。

（二）企业精神

企业精神是指企业及全体职工共同具有的精神状态和思想境界。它是企业文化的重要表现，是企业的行动准则和精神动力，代表着企业及全体职工的精神风貌，渗透在企业宗旨、战略目标、经营方针、职业道德、人事关系等各个方面，反映在厂风、厂纪、厂貌、厂誉上。当前，我国正在建立社会主义市场经济体系，市场竞争相当激烈，建筑市场更是如此，而任何竞争都是人的竞争，首先是人的精神的较量。塑造良好的企业精神，有利于在企业中形成一种高昂的充满进取精神与活力的精神氛围，有利于形成企业的凝聚力和向心力，极大地提高企业的竞争能力。

（三）企业道德

企业道德是调整企业之间、职工之间行为规范的准则，它主要是通过舆论、习惯和教育等多种方式形成的。企业道德包括企业职工的伦理道德标准，企业与国家、与社会、与自然的关系。

伦理道德是指在一定的社会范围内，能普遍被人们所接受的思维方式和行为规范，对其成员的约束是自然而长远的。因此，它要受民族文化和社会文化的双重影响。

这里所说的企业与国家、社会、自然的关系，主要是指企业应具有的公共道德。如：企业应对国家承担按时缴纳税金的义务，企业应尽可能参与和赞助社会公益事业，企业销售行为必须讲究信用、维护消费者利益，企业之间的竞争必须是一种文明竞争，企业要为职工创造良好的生产条件，实施环境保护等，都是企业的道德规范，它需要全体职工共同遵守。

（四）习俗仪式

习俗仪式包括企业内带有普遍和程序化的各种习俗、习惯、典礼、仪式、集体活动及娱乐方式等。习俗仪式作为企业的构成要素之一，是企业在成长和发展过程中经过长期积累、反复而逐渐形成的，其实质是企业的价值观念、精神境界与存在方式的体现。它往往是通过各种活动和日常的各种仪式表现出来。如企业举办纪念日庆典、新年团拜等。企业活动一旦习俗化，就会形成自然风气和职工的习惯性行为，到时会得到自然的实行，并作为传统代代相传，保持经久不衰。一种好的习俗仪式可以起到协调内部关系、增强企业凝聚力的作用。因此，企业应很好地培育发展。

（五）企业制度

企业制度是企业在生产经营管理活动中按照组织程序正式制定的、成文的规章和规定。它包括企业规章、工作标准、技术规程、操作规定等。企业制度是企业价值观念、道德观念和行为准则的具体化和条例化，是企业文化的组织保障系统。企业制度作为职工行为举止的规范模式，能保证广大职工思想行为的正确方向和企业的和谐发展，对企业生产经营活动的正常进行，充分发挥企业各类人员的工作积极性和主动性，都能起到有效的保证和加强作用。

（六）杰出人物

杰出人物是指企业中具有超出一般职工的思想境界和行为表现，能够成为榜样和表率的先进个人或群体。这类人物可以是企业的创始人、领导者，也可以是职工中的模范代表。杰出人物之所以构成企业文化的组成要素，是因为他们以自己的思想和行为突出地体现了企业的价值观念和精神风貌，使企业文化得以人格化，成为生动具体的形象。杰出人物具有榜样的作用，通过对杰出人物的仿效和追随，可以使广大职工形象具体地接受企业的价值观念体系，领悟企业精神的精髓，进而积极遵从本企业文化的各种准则和规范，使职工群体的文化素质得以普遍提高。

第二节　企业文化的特点和作用

一、企业文化的特点

企业文化作为企业组织的特殊存在方式，具有如下一些特点：

(一)企业文化的内聚性

企业文化在企业管理过程中起着"粘合剂"的作用。企业通过多种形式的内部公共关系活动,把友爱、团结、协作、上进的价值观念逐渐渗透到全体职工的工作和交往之中。企业文化应被企业内部的全体员工普遍认可,它所追求的是一种企业的整体优势和良好的集体感受,促使全体职工围绕企业既定的目标作"向心运动"。企业文化是依靠企业全体成员同心同德协力创造、自觉遵守和不断完善形成的一个有机整体,自觉地调节局部利益与整体利益、目前利益和长远利益的相互关系,进而保持职工思想的正确方向和企业发展的健康协调。一个企业文化的个性色彩越浓厚,其内聚力就越强大。

(二)企业文化的民族性

企业作为构成国民经济的一个有机细胞和社会单元,其生产经营活动与其他社会主体存在着紧密的依存关系,企业文化也因此受到其他社会主体亚文化的影响和制约。尤其以民族文化的影响最为深刻。社会中主要民族的历史传统、文化背景、宗教信仰、风俗习惯、群体心理特性等,都以潜移默化的方式渗透到职工的价值观念、道德规范和行为方式中,从而对企业文化的深层结构产生影响,使企业文化具有鲜明的民族文化的特征。只有深深植根于民族文化的土壤之中,才能培育出具有强大生命力的企业文化,使企业真正从中获得强大而持久的活力。

(三)企业文化的独特性

企业文化的形成要受企业组织的环境和群体特性的影响和制约。每个企业具有与其他企业不完全相同的外部环境和内部条件,因此作为比较成熟的企业文化必然具有各自不同的独特之处。一个企业区别于其他企业的文化差异即为该企业独有的文化特性。企业文化的这一性质使每个企业形成仅为本企业认可和通行的价值观念、道德规范和行为方式,同时,使企业在与众多企业的市场竞争中显示出独特的形象和风格。

(四)企业文化的时代性

企业文化属于上层建筑的范畴,其产生、发展和内容受特定时代的经济体制和政治体制的约束和影响,因而具有明显的时代特征。如我国50年代的"孟泰精神"、60年代的"大庆精神",都深刻地反映了时代的特征和风貌,反映了它们所产生的经济和政治社会背景。在建立社会主义市场经济体制的今天,市场竞争更趋激烈,企业要在竞争中立于不败之地,必须培育具有时代特色的企业文化。

二、企业文化的作用

企业文化的作用从整体上讲,表现在以下几个方面:

(一)企业文化有助于配置生产力要素

企业中人、资金、技术、设备等生产力要素的合理配置,是企业生产力高度发展的条件。而企业文化在配置生产力要素方面具有特殊功效。它通过倡导共同的价值观念体系,确立行为规范,形成文化氛围,造成一种强有力的影响和约束力量,使具有不同价值取向的每个职工达到观念上的共识,并根据规范和氛围的要求自觉调整自身的心理与行为,从而使职工个体结合成为具有共同目标和共同行为能力的集体,把工作中可能产生的内耗降到最低限度,实现生产力系统中的人——人际关系的最佳组合。同时,企业中先进的物质技术设备,都离不开人的推动和运用。企业文化通过促进职工提高素质,使技术和设备中蕴含的生产潜能得到充分释放和发挥,并弥补因技术设备更新加快而造成的生产力发挥周期缩短的影响,进而使生产力系统中人——人际关系得到高度协调及合理配置。通过企业文化的作用,生产力各要素形成推动企业生存和长期稳定发展的强大合力。

（二）企业文化有助于提高企业凝聚力

企业文化是一种粘合剂,它通过价值观念及目标的引导,使人们改变原来只从个人角度出发的行为意识,树立一种以企业为中心的共同的价值观念,对企业的发展前途充满责任感和自信心,积极参与企业的各项事业,主动把个人利益与企业整体利益联系在一起,促进企业的各项工作结合成一个合力运转体系。企业文化包括企业完整的规章制度、约定俗成起约束作用的思想观念和道德规范,这些都是企业全体成员自觉遵守的行为准则,内化于职工的思想行为之中,形成职工对本企业文化的自然适应。因此,企业文化具有教化功能,它促使每个职工为实现自我价值和企业目标而勇于献身,不断进取。

（三）企业文化具有导向和约束作用

企业文化的导向作用表现有两个方面：一是通过共同的价值观念和企业精神,将每个职工的心理及行为引导到生产经营目标上,使员工自觉地为企业特定目标而奋斗;二是它左右企业把自己的价值取向及行为与经营环境紧密地结合起来,使企业更好地履行社会职能,为社会服务。坚持对职工的理想追求进行引导,在建立共享价值观的基础上,将个人目标同化于企业目标,是企业文化区别于一般管理方式的重要功能。此外,企业文化中的共有价值观念经过长时期的培育,会形成一些为全体员工所认可的、具有无形性、非正式性、非强制性的价值观、行为准则、道德规范等,它对员工会产生强制性的约束作用。这种文化强制以有形或无形的方式规范职工的思想和行为,使之按照企业文化模式和标准调整和约束自己,以便与本文化圈保持一致和融合。

（四）企业文化具有辐射作用

企业文化一般来说在企业内发挥作用,但由于现代企业与外部环境有着紧密的联系,因此,某种企业文化一经形成,也会通过各种渠道向社会发生辐射作用。这种辐射作用是通过企业文化流来实现的。这种文化流,从其载体上看,大致可分为三种：一是商品让渡文化流,即任何一种商品,既是企业员工劳动的结晶,又是企业精神、企业文化的最基本的输出载体;二是服务提供文化流,即指优质的服务文化,它能使顾客不仅得到服务需求本身的满足,而且还能得到心情舒畅的"文化满足";三是媒介传播文化流,即指的是通过各种各样的传播媒介,进行本企业的文化扩散与传播,以便形成文化流机制。优秀的企业文化可以成为其他企业与社会组织效仿的榜样,对正确的社会意识和良好的社会风气以及道德规范的形成起到积极的倡导和促进作用。

（五）企业文化具有育人作用

良好的企业文化的发育过程,实际上也是企业职工的精神境界与文明修养不断提高的过程。大量的事实证明,企业文化优良的企业,不仅职工的整体素质高,而且还不断地涌现出杰出人才。因此,企业文化对于造就和培育企业新人,增强企业活力,促进社会主义精神文明建设,推动企业管理,都将起到十分重要的作用。

第三节 企业文化的培育

企业文化具有普遍适用性,任何性质、形式的企业都可以依靠强有力的企业文化获得成功。而优秀的企业文化不是自然形成的，其功能的发挥有待于对企业文化的精神培育和长期建设。在建立社会主义市场经济体制的过程中，必须高度重视企业文化建设，学习借鉴发达国家的先进经验，融合中华民族的优秀文化传统，培育具有中国特色的企业文化。

一、企业文化培育的目标

（一）造就职工良好的精神价值观念

世界许多一流的企业家和潜心研究优秀公司成功经验的学者指出，员工的精神价值观念是关系企业成败兴衰的一个根本问题。每一个企业组织都必须有一个基本信念和目标宗旨，以维系、动员和激励内部员工，充分调动他们的积极性、主动性和创造性。因此，造就职工良好的精神价值观念，是企业文化培育的最高目标。

我国近代著名企业家范旭东、侯德榜创办经营的六大精盐厂、水利碱厂和黄海化学工业研究社，在当时外部环境极端恶劣的情况下能够生存并发展兴旺，成为功勋卓著、蜚声中外的企业群。成功的关键在于依靠了体现企业家社会责任感与企业存在价值的员工信念，即"我们在原则上绝对相信科学，在事业上积极发展实业，在行动上宁愿牺牲个人而顾全团体，在精神上以服务社会为莫大光荣"。

美国 IBM 公司总经理小沃森提出公司的员工价值观念有三点内容：（1）尊重公司内部每一位员工的尊严和权利；（2）提供全世界所有同类公司中最佳的服务给广大顾客用户；（3）相信本公司中每一个目标任务都是以卓越的方法完成所有的工作。经过长期不懈的努力，"IBM 公司意味着最佳服务"真正成为公司广大员工的追求宗旨，这种精神价值观的成就，远远超越了他们在生产上所创造的利润收入。

松下公司是日本最早有公司歌曲和价值规范的厂家。松下给予员工两种训练：一是基本功生产技术训练；二是独特的"松下精神"的训练。公司每一位员工每隔一个月，至少要在自己所属的团体中进行十分钟的演讲，说明公司的精神和公司与社会、公司与个人之间的相互关系，松下公司的价值观念，已经成为公司成功的象征。

企业内部开展公共关系工作一个重要的任务就是造就一个共同的员工价值观念，以达到内求团结的目标。企业经营管理包括七个基本要素，即：结构（Structure）、战略（Strategy）、系统（System）、班子（Staff）、作风（Style）、技能（Skill）、员工共同的价值观念（Shared—Value），简称"7S"。其中，员工共同的精神价值观念是"7S"中的核心要素，是企业管理工作和公关工作的一个主旨，对企业组织的生存发展具有重要的意义和作用。

（二）培育企业内部和谐融洽的环境气氛

"和"就是调整人际关系。开展企业内部公共关系工作，必须创造最佳的人事环境，让每一位员工感到自己工作有劲头，在事业上有奔头。公共关系人员不但要坚持对全体员工给予充分的信任与尊重，而且要运用多种形式为每位员工提供成才发展的机会，通常的做法是：广开言路，提供培训，多方奖励，支持冒尖等。

同时，企业内部的公关工作还要包括对生产过程以外的员工生活各方面予以关心，使他们感到置身于企业之中犹如置身于自己的家庭之中。很多获得成功的优秀企业，都非常重视关心员工，他们总是把企业看作是一个扩大了的大家庭。如美国航空企业德尔塔航空公司，就大力提倡"家庭情感"，他们把"家庭情感"看得比眼前利益和投资利益更重要，这就是他们获得成功的"德尔塔之路"。

在日本的企业里,"和"是人们向往并努力争取达到的一种境界目标。儒家的"和",在今天已经扩展成和睦相处,团结一致,集体主义,进而形成一种团体的归属感和认同感。企业的"和"是在共同生产经营活动中强调互相帮助,互相仁爱,互相信任,互相尊重,企业利益与职工个人利益紧密结合,密不可分。我国历来把天时、地利、人和作为事业成功的三要素,日本"儒家资本主义"的成功强烈地刺激着中国的管理者,如何把传统的民族文化和现代管理方法结合起来,创造具有中国特色的企业文化。

马斯洛需要层次理论认为,人有五个层次需要,即生理需要、安全需要、社交需要、尊重需要和自我实现需要。这一理论运用到企业管理实践中,要求管理者必须了解所属人员的需要,只有员工的基本需要得到满足,才能充分调动积极性,使他们勤奋工作。每一位在企业供职的员工,既希望自己从事的工作富有意义——价值观念,又希望自己在事业上有奔头——环境气氛,还希望工作本身富有足够的人情味——家庭情感。只有在融洽的家庭式气氛中工作,才能感觉心情愉悦,才能视工作是一种享受。这种家庭情感需求的满足,必将调动员工的积极性,使其为企业进行创造性地工作,从而把企业造就成为一个团结坚强的集体,以卓越的成就赢得社会的信任和支持。

二、企业文化培育的途径

企业文化培育是一个长期的动态过程,其途径包括以下几个方面:

(一)培育具有优良取向的价值观念体系,塑造具有自身特色的企业精神

这是培育企业文化的灵魂和核心。为确定企业共有的价值观念体系和企业精神,在实际工作中,应从以下几方面入手:

第一,选择适当的价值观念。一个企业选择什么样的价值观念,这是塑造企业精神与企业文化的基础和前提。一般来说,一个企业在选择价值观念时首先应当对与本企业性质有密切关系的客观对象进行价值评价和排序,从中确定最具优良取向的价值观念。同时,应博采本企业、本民族以及国内外其他企业的优良精神,并根据企业当前及未来发展需要融汇成适合本企业特点的企业精神。其次,要考虑企业内部职工的素质及构成,不同类型的人及其组合方式,都会影响企业精神的塑造。因此,企业在选择价值观念时就应当认真分析"人"的因素。再次,培育企业文化和企业精神还要考察企业的外部环境与外在条件,如政治、经济、法律诸多方面的因素,这些都将影响企业成员的思想意识和行为。

第二,不断强化员工的集体意识。企业一旦选择了合适的价值观念以后,就要坚持不懈地进行灌输、宣传和引导,使倡导的价值观念和企业精神得到全体员工的接受与认同。对于企业来说,关键是要重视每个成员的集体主义意识。

第三,培养企业领导的模范行为。企业领导的模范行为是一种无声的号召力,对于企业精神的塑造和企业文化的培育有直接的影响,因此,作为企业领导要以身作则,持之以恒地贯彻执行,使共有价值观念和企业精神转化为企业员工的自觉行动,并进一步习俗化。只有长期不懈地努力培育,才能形成稳定成熟的价值观念体系和企业精神,为优秀企业文化的形成创造条件。

(二)坚持以人为中心,全面提高职工素质,培育杰出人物

人是生产力中最积极、最活跃的因素,是企业的主体。企业文化建设必须抓住关心人、尊重人、爱护人、培育人这条主线,坚持以人为中心开展各项工作。要重视从文化角度研

究职工的各种需要，特别是精神方面的需要，通过奖励、文化娱乐活动、参与民主管理等多种形式和手段，为职工创造良好的文化氛围，使职工的高层次的精神需要得到充分满足。要利用各种教育手段和文化手段，多形式多渠道地对职工进行文化技术培训，不断提高企业职工的文化素质和技术业务水平。在进行教育培训时，应与贯彻企业精神，树立和形成本企业的价值观念、道德规范、行为准则结合起来，培养教育职工成为新型的劳动者，同时，注意杰出人物的培养。培育杰出人物要抓好塑造、认定和奖励三个环节。每个企业都要有自己的杰出人物，这就为企业全体员工建立了行为标准，树立了学习的榜样。

（三）提倡先进的管理制度和行为规范

管理制度和管理方式，是企业文化建设的重要内容之一，也是企业文化得以维护和延续的基本保证。企业文化培育应当以共有的价值观念体系和企业精神为宗旨，围绕企业目标的实现建立健全各项规章制度，形成严密的规范网络，使职工的各种行为活动、相互关系的确立、行为效果的评价等均有法可依，有章可循。在利用规章制度对职工行为进行强制性约束的同时，要充分发挥非正式规范的约束作用，通过倡导、示范、舆论、人际关系、群体归属等形式，使职工感受到无形规范的强大影响力，并在积极遵从的基础上自我约束自身行为。

（四）加强礼仪建设，促进企业文化习俗化

习俗礼仪是企业文化独特性的具体反映，也是企业文化的主要表现形式。在培育构建企业文化时，要保留维护能反映本企业优良传统和文化特点的习惯、风俗，同时，根据企业发展需要创立各种礼仪形式。礼仪建设的实质是使企业的价值观念、精神追求、道德准则和行为规范进一步习俗化，使之成为每一位员工的自然要求和自觉行动。企业文化要达到这一最高境界，就要把礼仪建设贯穿和渗透于企业经营管理的全过程，在企业各项活动中充分体现企业特有的习俗礼仪。

企业文化的培育必须立足于实践，立足于建设，坚决反对一阵风，搞形式主义，一哄而起。要多实践，多引导，循序渐进，在社会主义市场经济的发展中创出一条具有中国特色的社会主义企业文化建设之路。

三、公共关系与企业文化

企业公共关系要达到"内求团结、外求发展"的理想效果，就必须考虑企业与公众的文化背景，深入研究公众的文化价值观念，不断探索如何利用公共关系来加强企业文化建设。也可以说，企业公共关系的根本任务和重要内容就是利用公共关系培育优秀的企业文化，改变落后的企业文化，从而树立企业良好的社会形象。

在现代社会中，一个企业良好的社会形象，一经树立，便成为企业的无形资产，成为无价之宝，产生巨大的社会效益和经济效益。它能因此吸引更多的消费者；能广招优秀人才，增强企业的发展实力；能激励员工的士气，增强企业的凝聚力；能比较容易地吸引股东投资和争取到各种资金；也有利于团结相关企业，建立相互信任的合作关系；还可以成为所在社区的中坚分子，受到居民的爱戴和拥护。总之，一个形象好的企业就能够得道多助，兴旺发达。

企业形象的内容是客观的。一个企业要获得好的社会评价，必须以自身的良好的社会行为作基础。为树立美好的企业形象，公共关系工作必须对组织形象进行经常的分析研究，做到心中有数，以便采取相应的措施和对策，使企业永远立于不败之地。

复习思考题

1. 如何理解企业文化的涵义？
2. 企业文化具有哪些构成要素？
3. 企业文化具有哪些特点？
4. 企业文化具有哪些作用？
5. 企业文化的培育途径有哪些？
6. 了解所在地建筑企业、房产开发公司、物业管理公司培育企业文化的情况。

第五章 公共关系策划

策划,是人们为取得未来成功,围绕着目标采取对策进行谋划所开展的智力活动。任何一个组织为完善自身的形象或进一步提高自己的形象地位,都需要制定具体周密的行动方案。科学的策划思想和巧妙的策划艺术是制定有效行动方案的保证。

第一节 公共关系策划的实质和意义

一、公共关系策划的含义

公共关系策划是随着公共关系活动的兴起而产生的。要了解公共关系策划,必须首先理解策划一词的内涵。

(一)策划的内涵

策划一词,含有筹划、谋划、计谋、计划之意。根据美国哈佛企业管理丛书的解释,策划是一种程序。其本质是一种运用脑力的理性行为,即找出事物因果关系,衡量未来可采取的途径,将其作为目前决策的依据。也就是预先决定做什么,何时做,如何做,由谁做。

策划是人类社会中经常进行的一种活动,我国古已有之。古语曰:"凡事预则立,不预则废。"预,实际上就是事先做好充分准备,进行必要的策划。策划,就是根据各种情况与信息,判断事物变化的趋势,确定可能实现的目标和预期结果,再据此来设计,选择能产生最佳结果的资源配置与行动方式,进而形成正确决定和工作计划的复杂过程。可以说,策划既是决策的前提,也是决策的重要组成部分。

(二)公共关系策划的含义

所谓公共关系策划,就是指公共关系人员为了实现公关目标,对公关活动的主题、手段、形式和方法等进行周密的构思和设计。公共关系策划是以公关人员为主体进行的一种艰苦细致、复杂有趣的创造性思维活动。它以客观的公众分析为前提,以最好的活动效果为目标,是公共关系工作的核心。策划的好坏直接影响着公共关系工作的效果和水平,也体现了公共关系人员的素质和水平。

公共关系策划,不是具体的公共关系业务活动,而是公关策划的形成过程。对公共关系人员而言,困难的不是去实施活动方案,而是如何在策划中提出最新颖独特的创意,制定出最佳的公关活动方案。

二、公共关系策划的特征

公共关系策划的特征包括:

(一)目标性

目标越明确,公共关系策划越易开展。公共关系策划的目标,分为总目标和个别目标。总目标是任何公关活动都希望达到的最终目标,即树立良好的组织形象。但是实践中,一个组织由于受各种条件的制约,公关工作只能在总目标的指导下,逐步实现个别目标,进而保证总目标的实现。因此,在确立目标时,尤为重要的是如何选择个别目标和它们的统一性。

(二) 整体性

公共关系策划是一项非常复杂的"系统工程",在实际操作中,各个子系统都必须围绕总体规划和全局目标,相互协调、相互配合开展工作。任何一个组织形象都是公众对于组织的总体评价,是社会组织的表现与特征在公众心目中的反映,具有多维性、相对性和稳定性,因而在进行公共关系策划时,必须进行全面考虑。否则,再好的策划也会无功而返。

(三) 计划性

社会组织的公共关系活动是一项长期的工作,必须根据公共关系活动的特点,有步骤、有计划地实施公共关系策略,使公众的观点与行为朝着有利于组织的方向发展,才能实现组织的预期目标。只有使策划的行动方案具有较强的计划性,才能保证公共关系策划目标的实现。计划性是公共关系策划的一个本质特征。

(四) 创新性

公共关系策划既是一门学问,也是一门艺术,其精髓在于创新。公共关系人员在策划中应根据社会条件的变化、公众心理状况的变化和组织内部的变化,进行新的策划,使其既要与自己组织过去的活动不同,又要与自己的竞争对手不同,使组织策划的活动标新立异,切忌不顾事实单纯模仿别人的方法与思路。

(五) 灵活性

任何组织的活动都要受各种因素和环境条件的影响。公共关系活动是一项复杂的综合性活动,其成功与否要受诸多条件的影响,这就要求公共关系策划人员应时时关注条件的变化对实现组织目标将产生的影响,使公共关系策划具有一定的弹性和灵活性,以适应形势变化的需要。

(六) 有效性

任何一项公关策划都应讲求有效性,这里所讲的有效性包括如下两种情况:①需要与可能。凡事成功与否取决于需要与可能这二者的统一。在公共关系策划中,既要考虑组织所要达到的目标,又要考虑实现目标所要具备的条件;②投入与产出。公共关系策划需要一定量的人、财、物资源,投入这些资源后,应讲究产出的实际效果。既包括组织形象、目标方面效果,也包括由此而产生的组织收益效果;既包括近期的显著效果,也包括远期的潜在效果。

三、公共关系策划的原则

公共关系策划应遵循以下原则:

(一) 实事求是原则

实事求是就是从实际出发,不夸大、不缩小,正确地处理各种问题和矛盾。是公共关系策划的一条基本原则。公共关系策划必须建立在事实的真实把握的基础上,向组织如实地传递有关组织公众的信息,并依据事实的变化不断调整公共关系策划的策略。公共关系人员在策划过程中,切忌主观臆想,随心所欲地给客观事实加入主观猜测的成份,而应从客观事实出发,不可回避更不可掩盖事实。那种企图掩盖事实真象的策划,只能使组织走向自己愿望的反面。

（二）公众利益优先原则

我们说公众利益，并不是要组织完全牺牲自身的利益，而是要求组织在处理自身利益与公众利益关系时，始终应坚持把公众利益放在首位。组织只有时时、处处为公众利益着想，坚持公众利益至上，才能得到公众的好评，才能使自身获得更大、更长远的利益。

（三）经济效益与社会效益相统一的原则

对社会组织而言，一方面，良好的经济效益是创造社会效益的保证，但经济效益并不等于社会效益。另一方面，社会效益是组织与公众相互沟通、获得社会认可和支持的基础。一个社会组织要树立良好的组织形象，公共关系人员在进行公关策划时，就必须把这两者很好地统一起来。

（四）心理原则

公共关系策划人员在进行公共关系策划过程中，应充分运用心理学的一般原则，正确把握公众的心理特征，按其活动规律，因势利导。公众心理支配着公众的行为。影响公众行为的心理因素主要有：知觉、价值观、态度、需要、性格和气质。

（五）伦理道德原则

伦理道德原则是公共关系策划人员应当遵循的基本原则之一。其核心是：组织公共关系活动及其策划与从业人员行为的道德要求日趋加强。早期的公共关系活动，大多是以组织自身利益为根本准则，公共关系活动少有道德可言。随着社会的发展，人类文明的进步，人们开始注意在理论上对组织公共关系道德规范和行为准则的探讨，开始在公共关系策划中遵循这种道德规范和行为准则。我国公共关系人员包括公共关系策划者，除应遵守一般性的通用准则外，更应遵守社会主义的道德规范。

四、公共关系策划的意义

公共关系策划对组织的形象管理具有重要的意义：

（一）可以增强组织形象管理的有效性

公共关系策划的思想和方法，可以帮助组织进行科学设计、选择公共关系活动方案，确保公共关系活动的科学性、目标和对象的准确性、活动内容和方式的可行性，提高开展公共关系活动的成功率，进而增强组织形象的有效性。

（二）可以增强组织形象管理的目的性

组织形象管理的目的，就是要不断地塑造完善美好的组织形象，提高组织在公众心目中的形象地位。毫无疑问，公共关系策划是实现这一目的最重要的一环。

（三）可以增强组织形象管理计划性

公共关系工作具有高度的计划性，必须通过公共关系策划来体现和保证。公共关系人员在策划过程中，不仅要考虑组织近期的形象目标要求，也要考虑组织长远的形象目标要求，这就大大增强了组织形象管理的计划性，这种计划离不开科学细致的策划。

（四）可以保证组织形象管理取得最佳效果

公共关系活动是一个为实现总体目标而逐渐累进的过程，每次公共关系活动都应有明显的成果与收获，有效地解决组织形象在某一时期、某一方面存在的问题，帮助组织实现该时期的目标，以取得最佳的效果。在市场经济条件下，一个时期组织形象管理能否以直接或间接的作用促进组织经济效益的明显增长，是衡量其是否成功的一个重要标志。

第二节　公共关系策划的主要内容及类型

一、公共关系策划的主要内容

公共关系策划的主要内容包括：组织形象策划、组织环境策划、组织行为策划、改变公众态度与行为策划、信息与媒体策划。

（一）组织形象策划

公共关系工作的核心是塑造良好的组织形象。一个社会组织在与公众的相互联系中，必然会在社会公众心目中产生一定的组织形象，"人过留名，雁过留声"说的就是这个道理。

组织形象策划既要同组织现状结合起来，针对组织在不同时期面临的问题确定活动的目标和重点，又要注意组织的性质特点，策划的形象标准要同自身组织的行业特征、产品特征、服务特征和人员特征相一致。

组织形象的策划可以从以下三个方面进行：①理念的统一。即要求对企业和其他社会组织，在经营管理过程中的经营理念和经营战略的系统化，并将系统化的理念贯穿于企业的各项工作之中；②行为的统一。即要求在企业理念统一的基础上，在实际经营过程中要求全体员工执行行为规范化、协调化，进而达到经营管理过程的统一化；③标识的统一。在目前的CI导入中，它最容易引起人们的关注。在公共关系策划中，要充分调动标识统一的各个要素（企业标志、产品包装、建筑风格等），确保组织以统一的外部形象展示在公众面前。

组织形象的策划包括树立组织形象、创造组织形象和维护组织形象。公共关系人员应据此策划出不同的内容，引导企业不断创新，努力塑造本组织的最佳形象，使组织永远立于不败之地。

（二）组织环境策划

不论何种性质的社会组织，都要依赖一定的环境求生存和发展，在组织的公共关系活动中，环境状况的好坏直接关系到活动的实际效果。

社会组织作为公共关系活动的主体，不能只是被动地依靠环境和适应环境，由于各自情况的不同，环境的形成和发展不可能与组织的发展目标完全一致，甚至可能出现与组织的追求相反的情况。这就要求组织应主动地了解环境中存在的各种不利于组织发展的因素，采取可行措施对环境的发展加以引导，或者通过有意识的活动，改造环境中的某些成分，最终为自身创造好的环境。

组织环境可分为物质环境和人文环境两大部分：①物质环境，是组织经营的硬件部分，其存在和现状是不以人的意志为转移的，但通过人为的努力可以充分利用环境中的积极因素，回避消极因素，必要时还可以改造消极因素为积极因素；②人文环境，是组织经营发展的软件组成部分，它包括所处环境中的文化背景、民风民俗等。巧妙地利用人文环境所提供的条件，可以策划出高水平、有特色的公共关系活动。同时，组织公共关系也担负着改变人文环境中落后因素的社会义务。在组织的公共关系策划中，要注意利用和改造这两种环境。

（三）组织行为策划

组织行为是指组织在进行生产经营性活动和其他社会活动时的各种行动。任何组织开展活动，都将面临众多公关对象，这就要求学会同各种各样的组织和个人打交道。于是处理好与各类公众的关系，使组织行为更加科学、规范、艺术，自然是公关策划的内容之一。

组织行为策划主要包括：①生产行为的策划，即要在保证生产正常进行的同时，注意纠正可能不利于社会公众的因素。②营销行为的策划，营销行为的重点是方便消费者购买、使用，有良好的技术咨询、服务，有完善的维护、保修体系。同时，营销人员要有良好的职业道德和过硬的服务本领。③广告行为的策划，科学的广告行为首先要求内容真实，要实事求是地向公众介绍自己的企业和产品，切忌用各种似是而非、夸张造假的手段哄骗公众；广告策划要有艺术性和真实性，广告传播要遵循大众传播媒介规律。④接待交际行为的策划，接待交际行为的规范和艺术是展示现代企业风采的重要形式。接待交际行为的大前提仍然是同客户之间以诚相待，建立一种相互信任、相互理解、相互协作的平等关系。⑤竞争行为的策划，市场经济提倡竞争，但竞争行为必须要符合国家的法律、法规，在守法经营的前提下公平竞争，要遵守本行业的职业道德和约定俗成的惯例。⑥领导行为的策划，公共关系人员是决策者的智囊和参谋，对领导行为的策划也是公关行为策划的重要内容。在一些发达国家，为领导人设计行为、塑造形象已形成一门科学和艺术。美国总统竞选就被公认为是竞选个人行为和形象的竞争。在公共关系活动中，尤其是内部公共关系活动，要充分认识到协助领导人规范行为的重要性。

（四）改变公众态度与行为的策划

以改变公众态度和行为为目标的各种公关活动，是许多公共关系人员经常进行也自认为是一种非常有效的活动。其实，这种活动的全过程都充满了"陷阱"，稍不留心就可能掉进去。

现代社会的进步，人类素质的提高，人们越来越习惯于依据自己的观察作出判断。从传播学研究成果发现，每个人都带着一个装得满满的头脑空间进入传播过程，这些预先贮存于大脑中的信息在人们的思维中形成了关于各种问题看法的定势，成为人们接受新信息时的一道防线。公共关系传播行为要考虑的问题就是如何突破这一防线。

在公共关系策划中，要有意识地安排与公众有思维定势相应或相同的内容，以便被公众认同接受。改变公众态度行为的策划，还应注意利用"百闻不如一见"、"言传身教"的传统认识，通过组织示范活动，改变公众态度和行为。公共关系策划还要注意随时掌握公众心理的变化情况，以确保公共关系活动的成功。

（五）信息与媒体的策划

信息是公共关系活动中联结主体与客体的纽带，而媒体又是信息赖以存在和流动的物质载体。它们均是公共关系活动中离不开而又易被忽视的。那种认为媒体不需要在策划阶段作过多考虑，用时只管拿来就行了的想法是极其错误的。

信息的策划可以从内容和形式两方面着手。信息所表达的内容基本要求是真实，要向公众提供真实的情况。从新闻传播的规律来看，信息的内容应是新鲜的，是公众从前所不了解的。表达信息内容的形式要同内容本身相协调，面对信息膨胀的社会环境，应设法使自己的信息在形式上有特色，引人注目。

信息的内容和形式都要尽量同相应的媒介一致，能充分发挥各种媒介的特长。一般而言，层次较高的观念性内容、理论性内容，宜选用文字传媒；侧重于造声势或展示特色产品外形等内容，宜选用电视、路牌、人体等媒介；面向儿童的信息，要选择在儿童节目、儿童报刊及中青年父母感兴趣的媒介和适当时间发布等等。当进行较大规模公共关系活动时，使用的媒介不只是一种，要注意在各种媒介中出现的信息应围绕同一主题和目标。

各种不同的公共关系活动有不同的策划要求，面对具体的策划内容，公共关系人员要善于灵活调整，不应拘泥于某一种特定的形式。

二、公共关系策划的类型

公共关系工作在不同的组织、不同的时间有着不同的目标、任务，因而分为不同的类型。在公共关系策划中，应根据不同类型的公共关系活动采取不同的方法，设计出相应的具体目标，运用不同的策略。

（一）不同性质及状况的社会组织的公共关系策划

1. 生产性社会组织

这类社会组织是为社会直接创造物质财富，以产品的形式体现自己的劳动的生产实体。在市场经济条件下，生产性社会组织的公共关系策划的重点是保证生产活动的顺利进行和产品顺利进入市场，核心是塑造完美的企业形象。在进行生产性社会组织公共关系策划时除应遵守公共关系策划的一般规律，还要注意以下几点：一是要突出宣扬自己的产品标志，采取多种形式使主导产品标志深入广大消费者意识之中；二是要着力推出企业的形象，使本企业法人代表有一种与众不同的社会评价；三是要体现企业完善的服务体系，为消费信心的建立创造条件。

2. 经营性社会组织

经营性社会组织在社会经济生产和文化生活中承担着媒介、润滑剂的角色，消费者对它们的依赖程度不断提高，这就对公共关系策划提出了更高的要求。在市场经济条件下，经营性社会组织成为产、销之间重要的桥梁和纽带，公共关系活动的中心是为公众提供满意的服务，为他们提供生产、生活过程中的各种帮助。在公共关系策划中，经营性社会组织要注意以下问题：一是要突出自己所经营产品的品牌、质量，使本企业成为消费者放心的消费场所；二是要有独特的外在形象和内在精神，使消费者获得一种消费的享受和美感；三是要善于开展消费者教育活动，力争形成稳定的系列消费者队伍。

3. 服务性社会组织

这类社会组织是不以盈利为目的的单位，如学校、医疗、消防、社会福利、环保等。它的产生是社会进步的一种表现，是社会专业化分工的结果。这类社会组织的公共关系策划要围绕着在公众中树立权威性和信任感而开展。具体说应解决以下问题：一是要在内部公众中注意树立强烈的社会责任感，认清自己所担任职责的神圣和在社会上的位置；二是要在公共关系活动中注意向公众介绍国家关于本行业的有关政策法规，引导公众科学合理地行使组织为其服务的权利；三是要注意同其他各类社会组织建立广泛的联系，以争取各种社会力量的支持。

4. 权力性社会组织

权力性社会组织实际上是社会的管理协调机构。它包括立法、司法、行政机构和其他一些代表国家行使某一方面权力的机构，以及执政党的各级机关。在公共关系策划中，权力性社会组织要注意以下问题：一是要树立"公仆"意识，摆正自己的位置，将全心全意为人民服务的宗旨落到实处；二是要熟悉政策和业务，提高把握政策的水平，以一视同仁的态度对待各种不同类型的社会公众；三是要走出机关大门，深入基层；四是工作中忌摆花架子、说大话，要切实帮助群众解决困难。

三、针对不同类型及特点的公众的公共关系策划

公共关系策划既要从公共关系主体出发，更要从公共关系客体的角度出发。公众按不同的标准可划分为不同的类型（公众的分类在第一章第三节作了专门介绍），在这里只就在公共关系策划中最常见的一些公众类型进行简要介绍。

（一）内部公众和外部公众

在公共关系策划中，首先要对内部公众和外部公众有必要的区分。内部公众的策划以求实为主，设法解决内部员工最迫切的问题，为他们个人价值的实现创造一种良好的环境与气氛。对内部公众可以有较为充裕的时间进行活动设计和实施，并可以比较准确地得到信息反馈，及时调整活动方案。他们对组织间的政策、行为、人员等都有比较清楚的认识和了解，应为他们提供较高层次的行业信息，公开企业必要的决策过程，并吸引他们参与决策过程，以增强主人翁意识和社会责任感。同时，还应注意对员工的工作成绩加以肯定和表彰，以激发其工作热情。

外部公众策划，总体上讲要围绕使他们了解、认识本组织，并在行动中支持本组织这个目标进行。外部公众和组织之间既没有行政隶属关系，也没有稳定的工作和感情联系，势必对组织的情况比较陌生，因此，在公共关系中要着力加大面上信息的传输，短时间内在公众中留下关于本组织的整体印象。在此基础上再根据不同的外部公众对象策划各具特色的公共关系活动。

（二）顺意公众和逆意公众

顺意公众的策划，以开展肯定他们的态度行为的活动为主体，并向他们提供组织发展情况的最新信息。如向消费者赠送礼品、向稳定的消费者发放优惠卡等。

逆意公众的策划，不要强行推出否定对方原有态度和行为的活动，应以恰当方式引导他们将原有态度和组织所希望的态度进行比较。使其在内心感受原有态度和行为的不妥之处，并在无意识中放弃原有态度，接受新的态度。

（三）流散性公众和聚散性公众

流散性公众策划，要设计在极短时间内能引起其注意的活动，在不打乱他们原有活动安排的情况下，使其在较短时间注意到公共关系人员希望其注意的信息。或采取其他方式（如印发传单）让他们将信息带走，在他们自己生活、工作的环境中传播。

聚散性公众策划，要设法在最短的时间内弄清诱发其聚集的原因，并采取针对性措施尽快平息事态，让他们感到事情已圆满解决而分散，以防止不利于组织的信息无限制扩散。

（四）文化素质高的公众和文化素质低的公众

文化素质较高的公众策划，设计活动时要充分注意到尊重其社会地位和判断能力，不能在他们面前过分地指手画脚。在活动设计中，要向他们提供正反两方面材料，活动的环境、内容档次要精心选择，使其在满足高品位文化追求的同时，对组织产生好感。

文化素质较低的公众策划，要侧重活动的普及性与气氛的热烈性，可在活动中向他们提供一点实惠，如赠送小礼品，满足其追求现实利益的心理需求。在开展公共关系活动时，可充分利用从众心理，以典范的方式促使他们对活动产生兴趣，对活动中所传递的信息加以重视。

四、根据公共关系工作的目的、任务进行的公共关系策划

每一次公共关系工作都具有特定的目的、任务，而任务的确定又同组织当前的社会形

象和地位密切相关，公共关系策划要充分考虑这一点。

（一）塑造新形象的策划

新组织形象塑造应着重提高知名度，并体现与各类老组织的不同。在公共关系策划中要注意寻找并着力宣扬新组织的种种独特之处。策划的活动要尽量出新，使公众有耳目一新之感。如日本一家公司在推出新产品"随身听"时，除强调该产品使用方便外，还突出宣传该产品同生活新观念的联系，为公众灌输现代人要有现代消费方式和生活方式的观念，从而引起公众的普遍关注。

（二）改造老形象的策划

随着经济体制改革的逐步深入，社会主义市场经济体制的建立，大量老企业面临洗心革面的课题。在改造老形象的策划中，应回避组织曾经给公众留下过不良印象的事件，突出改造中的新创造和对公众的奉献。对于无法回避的不利因素，应设法化解，或巧妙地加以正面利用。例如，我国西昌卫星发射基地长期以来处于一种封闭状态之中，不被人们认识、了解，无形之中拉开了同公众之间的距离。改革开放以来，它突出强调了基地在高科技前沿的贡献以及同国际同行竞争中的实力，并将人们认为可望而不可及的航天器同现实的经济活动联系起来，在长征系列火箭的箭身上做广告，充分发挥了自身的优势，最终将神圣的"军事禁区"形象转换成为国内外公众服务的高科技基地形象。

（三）组织面对危机时的公共关系策划

一个组织在发展中不可避免地会发生各种各样的危机。在进行危机公共关系策划时，首先要稳定公众情绪，尽快解决引起危机的主要问题，防止事态进一步扩大；其次要设法使公众的注意力向积极方向转变，使社会的议论中心逐渐脱离引发危机的事件，以减轻组织的社会压力；再次要积极宣传组织为解决危机而采取的各种措施，以弥补因不利因素而带来的缺陷；最后要取得新闻界的理解与支持，在不隐瞒任何真实情况的同时，向他们通报本组织的实际困难和解决问题的态度、采取的措施，以防止在组织的措施采取之前因新闻报道的不当而使事态进一步扩大。

公共关系策划工作是千差万别的，只有根据形势的变化、组织的实际和面对的公众，不断地调整公共关系策略，才能不断适应公共关系工作的新要求。

第三节 公共关系策划的基本要求

为了使公共关系策划过程更加科学、合理，所形成的方案更加符合实际，对公共关系的策划提出了如下基本要求。

一、**针对性**

不论是专业性公共关系公司或是内部公共关系机构，在进行公共关系策划时，必须明确公共关系活动的主体是谁、活动的目标是什么。所策划的方案都必须针对特定的活动主体和活动目标。由于特定的社会组织所承担的社会责任是不同的，服务于社会的方式、方法也不相同，它所面对的公众对象亦不相同，因此，在进行公共关系策划时必须充分考虑到这些特定因素。

每一个社会组织在不同的发展阶段所要解决的问题是不相同的，公共关系活动也就要根据这个重点相应转移。公共关系策划同样要针对不同时期的工作重点做相应的变化。

二、创造性

公共关系策划贵在创新，是智慧与能力的创造性劳动的反映。这种创造性的策划不是凭空而来的，它要求公共关系人员既有敏捷的思维能力和敏锐的观察分析问题能力，还要求有大量的公共关系材料的积累。要熟悉国内外知名的公共关系活动和本地区同行所进行过的活动方式，掌握其成功的奥妙与失败的教训。唯有如此才能找到自己进行创造性策划的切入点。

要使策划的方案具有创造性，公共关系人员就要有敢为天下先的勇气和信心，从别人不敢想、不敢做的方向独辟蹊径。即使在学习先进方法时，也要具有开拓精神。成功的道路往往就在人人司空见惯而人人又没有想到应打破常规的地方。

三、科学性

我们谈创造性既不是漫无边际的闭门造车，也不是违反科学规律的胡作非为，必须遵循其发展规律。要使公共关系策划具有科学性，首先要求公共关系策划必须遵循辩证唯物主义和历史唯物主义思想，符合社会发展的客观规律，反对带有封建色彩和唯心主义的内容进入方案；其次要以健康向上的人生观和真善美的内容吸引公众，反对为迎合公众而一味地追求刺激和新奇，更不允许以黄色内容迎合少数人的不健康心理要求；最后方案和活动要尽量通俗明了，使用公众的语言和身边经常见到的现象来吸引他们。

四、艺术性

公共关系活动需要公众的支持才能完成，而公众是否参与或对此感兴趣，完全建立在自觉自愿的基础上。要使公众能心甘情愿地注意到特定的公共关系信息，并参与到活动中来，在公共关系策划中应注意有意识地创造一些条件。一是所策划的活动要新颖奇巧，能使公众过目不忘，在特定的环境中独一无二；二是所策划的活动能带给公众一定的艺术感染力，参与活动能使公众有一种满足感，有艺术享受的感觉；三是所策划的活动要同公众的传统习惯和当地的文化环境相吻合，这是公共关系活动艺术性的一个标志。只有这样，才能使所策划的活动达到预期效果。

五、可操作性

公共关系策划既要考虑到活动的高水平，也要注意到策划的活动要具有可操作性，而无法实施的方案没有实际的意义。所以，创造性、科学性、艺术性都要同可操作性联系在一起。成功的公共关系策划是公关理论和原则的深化实践过程，这个过程的最后落脚点就在于可操作性。

方案的可操作性主要从以下两方面进行衡量：一是组织和公共关系活动面对的环境与客观的条件，其中既有人文的因素，也有物质的因素；二是公共关系人员、尤其是公共关系技术人员实施方案的技术手段与物质条件相结合，不可免为其难。

六、公正诚实性

公共关系能在较短时间内风靡世界，得益于众多公关专家和公关工作者为树立公关自身形象做出了艰苦的努力，其中良好的职业道德是公共关系为世界所承认的重要因素之一。在公共关系方案的策划实施中，同样要遵循公关工作职业道德的一系列要求。这种职业道德主要体现在"诚"字上。一是对待公众要诚，向他们提供真实可靠的信息，作出的各种承诺要及时兑现；二是对同行竞争对手要诚，开展公平竞争，反对采用不正当手段损害对方；三是对决策部门和协作部门要诚，不能片面地强调自身工作的重要性和困难，而提出无原则的要求。

七、最佳效益性

公共关系策划既要考虑组织的长远利益，也要考虑公众的共同利益，即经济效益与社会效益的结合。在处理两者关系时，应将社会效益放在第一位，因为社会效益是组织与公众相沟通，获得社会认可和支持的基础。有时宁可牺牲组织的眼前经济效益，也要确保社会效益的实现。当然，我们讲社会效益并不意味着不讲经济效益，一个组织良好的经济效益是社会效益的保证，在策划中要尽量设法使有限的投入发挥较大的作用，使组织内部的各个方面能切实感受到公关的实在效益。

第四节 公共关系策划的程序

任何形式的公共关系策划，都存在着一个从开始到结束的过程。公共关系策划分为两个阶段、七个步骤，如图 5-1 所示。第一个阶段为准备阶段，包括收集整理信息和确立目标两个步骤；第二个阶段为实际策划阶段，包括设计主题、分析公众、选择媒介、预算经费和审定方案五个步骤。

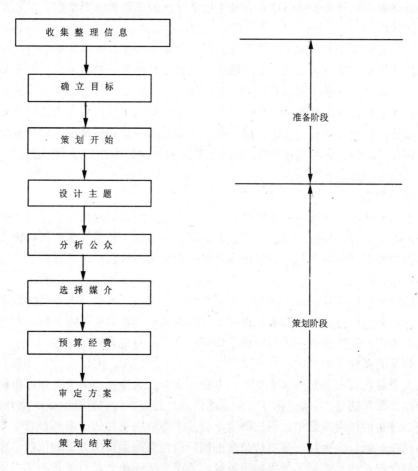

图 5-1 公共关系策划程序图

一、策划准备阶段

(一)收集整理信息

收集整理信息是公共关系策划工作的基础,任何公共关系策划都必须从收集处理信息开始。

1. 收集信息的内容

公共关系策划工作,主要收集以下几方面的信息:①政府决策信息,收集、了解党和国家的方针、政策;②新闻媒介信息,通过新闻媒介了解社会公众对本组织的反应;③立法信息,收集立法信息,研究各种经济法规;④产品形象信息,了解本企业产品在用户心目中的形象;⑤竞争对手信息,了解竞争对手的历史和现状;⑥消费者信息,了解有关消费者的情况;⑦市场信息,了解自身产品的市场占有率;⑧企业组织形象信息,了解公众对组织机构、管理水平、人员素质、服务质量的评价;⑨流通渠道信息,主要了解有关销售方面的信息。

此外,还有财政、金融、能源、人口等方面的信息。

2. 收集信息的程序

收集信息的程序一般包括以下三个阶段:①获取信息阶段,包括信息的收集、记录、汇总、整理等内容。②处理信息阶段,是将获取的信息通过筛选、分类、加工、综合、提炼等方式,达到去粗取精、去伪存真的目的。③贮存信息阶段,就是将经过处理的信息,摘出数据,写成文件,制成卡片或录音、录像带、照片等资料归档,并把有价值的信息提供给决策者。

(二)确立目标

确定公共关系工作目标是公共关系策划的前提。没有目标,公共关系策划也就无从谈起。公共关系工作的具体目标是同调查分析中所确认的问题密切相关的。一般而言,所要解决的问题也就成了公共关系工作的具体目标。具体目标应是总目标的一部分,并受总目标的制约。

1. 公共关系目标分类

公共关系目标体系包含不同类型的多种目标。

(1) 公共关系目标体系按时间条件可分为以下两类:①长期目标,指涉及到组织长远发展和经营管理战略等重大问题的目标,它与组织的整体目标相一致。这类目标比较抽象地反映了组织在公众中应具有的形象,以及能够对社会所起的作用,是组织的理想和信条。一般不是短期内能够实现的,时间跨度较长。②近期目标,指围绕长期目标制定的具体实施的目标。它的内容具体,有明确的指导性,对公共关系工作有实际的指导作用,其时间跨度较短。

(2) 公共关系目标体系按性质条件又可分为以下两类:①一般目标,即是依据各类或几类公众的要求、意图、观念或行为的同一性制定的。它是构成组织总体形象的要素。如增加商品房的销售量是企业员工、股东、政府、顾客等公众权益要求中的一个共同点。因此,"促进商品房销售量的增加"就成为公共关系工作的一般目标。②特殊目标,是针对那些与组织目标、信念、发展以及利益相同或相近的公众中的特殊要求制定的。这类目标具有特殊的指向性。如某酒店为了增加营业额,决定改变住房结构,把企业家和商人作为主要服务对象,制定了"中外通商之途,殷勤款客之道"的特殊目标,成功地塑造了组织的特殊形象。

公共关系目标还有其他一些分类方法,如按活动的类型可分为:传播信息、联络感情、改变态度、引起行为;按活动的作用可分为:进攻型目标、防守型目标等。

2. 确定目标的要求

公共关系策划确定目标的总体要求是:目标明确、具体,具有可行性和可控性。

(1)明确、具体。明确,是指目标的含义必须十分清楚、单一,不能产生多种理解;具体,是指所提出的目标是可以直接操作的,有明确的内容和任务要求,而不是空洞抽象的。

(2)具有可行性和可控性。所谓目标的可行性,是指确定目标要现实,既不能过高,也不能过低,是经过努力可以达到的。所谓目标的可控性,是指所确定的目标要有一定的弹性,要留有一定余地,以备条件发生变化时能灵活应变。

二、实际策划阶段

（一）设计主题

公共关系活动的主题是对公共关系活动内容的高度概括,它在整个活动中起着提纲挈领的作用。主题设计得是否恰当,对公共关系活动成效影响很大。

公共关系活动主题的表现形式是多样的,既可以是一句口号,也可以是一个陈述句,还可以用楹联表示等等,如日本丰田汽车公司在中国推销产品的公共关系活动主题是:"车到山前必有路,有路就有丰田车"。该主题运用了"车到山前必有路"这句在中国几乎人人皆知的谚语,非常容易引起公众对象的关注。

设计公共关系主题,一般要考虑以下几个因素:一是要使主题成为统领整个公共关系活动,连接各个子项目、各个步骤的纽带;二是主题要与公共关系活动的目标相一致,并能够充分表现目标;三是表述主题的信息要独特新颖,简短明了,具有鲜明的个性,表述的词句要动人,有强烈的感召力;四是主题要力求适应公众的心理需要。

（二）分析公众

每一个组织都有特定的公众,确定与组织有关的公众,是公共关系策划的基本任务。只有确定了公众,才能确定与之相沟通的方法。确定公众一般分为两个步骤:

1. 鉴别公众的权利要求

公共关系本质上是一种互利关系。一个成功的计划必须考虑到互利的要求。要做到这一点,就必须明确公众的权利要求,将其作为策划的依据之一。这种权利要求可以通过列表法排出。列表时应尽可能全面反映各类公众共同的权利要求,使之一目了然,以便进行比较分析。以一般建筑企业为例,其公众权利要求结构见表5-1。

公众权利要求结构表　　　　　　　　　表5-1

公司的公众对象	公众对象对公司的期望和要求
员　工	就业安全和适当的工作条件;合理的工资和福利;了解公司的内情;培训和提升的机会;社会地位、人格尊重和心理满足;不受上级专横对待;有效的领导;和谐的人际关系;参与和表达的机会等
股　东	参加利润分配;参与股份表决和董事会的选举;了解公司的经营动态;有权转让股票;有权检查公司帐目;增股报价,资产清理;有合同所确定的各种附加权利等
顾　客	产品质量保证及保用期;公平合理的价格;优良的服务态度;准确解释各种疑难问题或投诉;提供完善的售后服务;获取增进消费者信任的各项服务;必要的消费指导等

续表

公司的公众对象	公众对象对公司的期望和要求
竞争者	由社会或本行业确立竞争活动准则；平等的竞争机会和条件；竞争中的相互协作；竞争中的企业家风度等
协作者	遵守工程承包合同；平等互利；为协作提供各种方便和优惠；提供技术信息和援助；共同承担风险等
社区	向当地社会提供生产性的、健康的就业机会；保护社会环境和秩序；关心和支持当地政府；支持文化和慈善事业；赞助地方公益活动；正规招聘，公平竞争；以人、财、物扶持地方小企业的发展等
政府	保证各项税收；遵守各项法律、政策；承担法律义务；公平竞争；保证安全等
媒介	公平提供信息来源；尊重新闻界的职业道德；有机会参加公司重要庆典等社交活动；保证记者采访的独家新闻不被泄漏；提供采访的方便条件等

2. 概括和分析公众对象的各种权利与要求

首先应概括各类公众权利要求中的共同点，把这种共同点作为设计组织形象的基础，进行概括和分析时，应从各种公众的意图、权利要求、观念和行为的一致性加以考虑。然后再分析特定目标公众的特殊要求，这是制定组织公共关系特定目标、设计组织特定形象的基础。一般而言，应选择与本组织的信念和发展相近或利益关系特别重要的公众，作为工作的主要对象。

（三）选择媒介

传播媒介有多种多样。公共关系工作通常采用的传播媒介有：语言媒介、非语言媒介、印刷媒介、电子媒介、实物媒介等。各种媒介各有所长，可以根据公共关系工作具体情况进行选择。选择传播媒介的基本原则是：

1. 根据公共关系工作的目标、要求选择

选择媒介首先应着眼于组织公共关系的目标和要求。各种媒介都有其特定的功能，要能适合为公共关系的某一目标服务。如果组织的目标是提高知名度，则可以选择印刷媒介与电子媒介。如果组织的目标是缓和内部紧张关系，则可以通过人际传播与群体传播，通过会谈、对话等方式解决。

2. 根据不同对象选择

不同的公众对象适用于不同的传播媒介。要使信息有效地到达公众对象，就必须考虑其教育程度、经济状况、职业习惯、生活方式等，根据这些情况选择适当的传播工具，才能被公众对象所接受。

3. 根据传播内容选择

每种传播媒介都有其适用的范围。选择媒介时，应将信息内容的特点和传播媒介的优缺点结合起来综合考虑。如内容较简单的快讯可选择广播，而对较复杂、需反复思考才明白的内容，可选择印刷媒介。

4. 根据经济条件选择

俗话说："看菜吃饭，量体裁衣。"成功的公共关系策划，应选择恰当的媒介和方式，以较少的开支争取最好的传播效果。

（四）预算经费

公共关系的编制预算，实质上是将公共关系计划具体化的过程。通过预算，可以确定公共关系活动的项目和规模，进而能从人力、物力、财力保证公共关系活动的正常进行，有利于公共关系计划的组织落实，也有助于公共关系活动效益的提高。

编制预算的方法主要有两种：一是"固定比率法"，二是"目标作业法"。

固定比率法就是按照一定时期内经营业务量的大小来确定预算的一种方法。这种方法计算方便，简单易行，但预算缺乏计划性与弹性，不一定适合具体需要。

目标作业法就是先制定出公共关系期望达到的目标和工作计划，然后将完成任务所需要的各项费用项目详细列举出来，再核定各项活动和全年活动的预算。运用这种方法事先要审核计划和预算，尽量避免超支、缺资现象的发生。

编制预算时，公共关系人员主要是对一定时期内从事公共关系活动需要的总费用加以估算，并对公共关系活动费用的主要构成项目加以确定。公共关系活动费用主要有以下几个项目，即工资费用、行政办公费用、宣传广告费用、设备器材费用、实际活动费用和赞助费。

（五）审定方案

1. 方案优化

方案优化过程，就是提高方案更趋于合理的过程。方案的优化可以从增强方案的目的性、增加方案的可行性和降低耗费三个方面考虑。可以采用重点法、轮变法、反向增益法、优点综合法等方法对方案进行优化。

2. 方案论证

所谓方案论证，是指行动方案制定好以后所进行的可行性论证。一般由有关领导、专家和实际工作者对计划的可行性提出问题，由策划人员答辩论证。方案论证的内容包括：对目标进行分析、对限制性因素进行分析、对潜在问题进行分析、对预期结果进行综合效益评价等。

3. 书面报告与方案的审定

公共关系行动方案经论证后，必须形成书面报告，其内容为：综合分析的介绍、公共关系活动的计划书和方案的论证报告。为使公共关系计划目标与组织总体目标相一致，公共关系计划方案必须经组织决策者审核和批准。书面报告和计划审定是策划中不可缺少的重要环节。

复习思考题

1. 什么是公共关系策划？它具有哪些特征？
2. 举例说明公共关系策划的重要性。
3. 简述公共关系策划的内容。
4. 简述公共关系策划的基本要求。
5. 公共关系策划阶段包括哪些步骤？
6. 选择媒介应遵循哪些原则？
7. 试策划某房地产公司推销滞销住房的公共关系活动。

第六章 公共关系礼仪

礼仪是人类社会生活中约定俗成的不成文法。人们往往把礼仪看作一个国家和民族文明程度的重要标志。它既是交际活动的重要内容，又是道德的一种外在表现形式。公共关系人员要参与广泛的社会交往活动，在参与活动中，公共关系人员仪表大方，待人谦和真诚，彬彬有礼，可给对方留下深刻印象。因此，熟知有关交际礼仪是公共关系人员必不可少的一项技能。

第一节 礼仪概述

一、礼仪、礼貌、礼节

（一）礼仪

在现代社会中，快节奏的生活、工作，使人们更需要轻松、愉快的环境。当你离家上学、上班时，与家人的一声道别，会使双方感受到一种亲切；当你进入学校、工厂、办公室，与同学、同事和朋友的一声寒暄、一句问候，会使双方感受到一种和谐和温馨；当你在难忘的日子里，收到亲人、朋友的一份礼物，会让你感受到浓浓的情意；当你的某种失误，得到别人的谅解时，你会感受到一种轻松。凡此种种，就是我们生活环境中人与人之间交往的礼仪。

礼仪有狭义和广义两种解释。狭义的礼仪，是指国家政府机构或人民团体在一种正式活动和一定环境中采取的行为、语言等规范。广义的礼仪，是指人们在社会活动中的言行规范和待人接物的标志。

礼仪是一种社会文化，是社会文明的标志，是衡量一个国家或地区道德水准高低的尺度，它能反映社会的精神面貌和文化程度的高低。就整体而言，礼仪是衡量一个民族、国家或地区的道德水准高低的尺度；就个体而言，是衡量一个人的综合素质高低的尺度。

（二）礼貌

所谓礼貌，是指人与人之间在相互交往接触中，表示友好、尊重的一种规范行为。它包括两个方面，即语言和行为。它体现了一个人的文化层次和文明程度，也体现了时代的风尚和人们的道德水准。

（三）礼节

礼貌是一个人在待人接物时的外在表现，这种表现需要一种形式，这种形式我们称之为礼节。所谓礼节，是人们在日常生活中，特别是在交际场合中，相互问候、致意、祝愿、慰问及给予必要的协助与照料的惯用形式。它是礼貌的具体表现。

综上所述，礼貌是礼节的内涵，礼节是礼貌的具体表现。两者是相辅相成的。有礼貌而不懂礼节，在人际交往中容易失礼，懂礼节缺乏礼貌在人际交往中缺乏诚意。在礼貌、礼节的表现过程中，我们主张：敬人要心敬，内心和动作要协调；礼貌不是客套，礼节也不是矫揉造作，它需要两者有机地结合在一起。在我们的社会生活中，只有每一个社会成员都用讲究礼貌、礼节这把尺子来衡量自己的言行，规范自己的言行，才能使我们所处的社会环境达到高标准的道德要求，才能显示这种社会环境的高层次。

二、礼仪的沿革及演变

不同的时代、不同的民族都有不同的礼仪。作为一种社会文化，礼仪在长期的社会发展中随着社会性质的变革而发生过多次重大的改变，它曾作为人类进入文明的标志，又曾作为政治典章制度用来治国，也曾作为等级社会中维护等级秩序的准则，其发展经历了"礼"和"礼仪"两个时期。

礼，最早起源于原始社会中的宗教信仰。在原始社会人们对各种自然现象不理解，认为有某种超自然的力量主宰着自然界，于是人们就把这种超自然的力量神圣化，对它顶礼膜拜，希望能避祸致福。

人类进入奴隶社会以后，礼的宗教色彩进一步法定化、神圣化，甚至渗透到社会生活的各个领域，以此来划分等级、规定名分、规范人们的行为。原始社会的事神致福的礼俗，逐渐变为统治者统治的工具，一切都根据礼而进行。

到了封建社会，礼的演变进入了"礼仪"的时期，其主要作用是维护封建社会的等级秩序。这时的礼仪规则划分为两部分：一是与国家政治息息相关的等级制度，包括国家的一系列礼仪仪式，人们在日常政治生活和社会生活交往中应遵守的行为规范等，以此从思想、道德、观念等领域巩固、支持封建统治，对稳固封建统治起到特殊作用；二是礼仪向家庭迅速扩延，如父子之间、夫妻之间、主仆之间等的礼仪区分。家庭礼仪的出现，是统治者利用人们对祖辈、父辈正常的感情，把人们的行为导向符合封建统治者所希望的轨道，用礼仪规则加以正统化和固定化。我国的封建礼仪，主要是以儒家的伦理规范作为指导，渗透着理学的人生观和处世哲学。儒学的礼仪主要来源于三礼：即《周礼》、《仪礼》、《礼记》。我国历来都有"礼仪之邦"的美誉，许多礼仪都来源于这三礼。它尽管是我国几千年封建社会的重要精神支柱，但对我国现代化社会仍有极其重要的影响。

鸦片战争以后，随着西方资本主义国家的入侵，西方的政治、经济、文化思想也逐渐渗入我国的社会生活中，近代的仁人志士在介绍西方文化、科技的同时，也把西方的礼仪引入我国。辛亥革命后，经过几十年的努力，摈弃旧礼仪中的糟粕，代之而兴起的是符合现代化社会道德、思想伦理观念的新礼仪，促进了中华民族和世界各国民族的友好交往。

党的十一届三中全会以后，随着改革开放的深入，社会主义市场经济体制的逐步建立，国内外经济、文化、社会活动日益密切，礼仪在现代生活中的作用显得越来越重要。现代社会的需要，使我国的礼仪在继承了优良传统的基础上，融合了许多新的、符合国际惯例的因素，形成了新的特点和新的内涵，反映了我国人民的文化素质、社会物质文明和精神文明的需要，也体现了特定的历史条件下的道德规范和传统文化习惯。同时，一些传达人们真实感情使其被对方准确领会的又符合礼貌举动的行为也逐渐成为新的礼节形式。

随着社会的发展，礼仪也将不断地发展。它将朝着更加约束人们随意行为，更加符合社会道德水准，更加显示社会文明的方向发展。

三、讲究礼仪的意义

（一）讲究礼仪能够促进个人和社会的道德修养

一个人的修养表现了他所处的社会环境的文明程度和社会的精神风貌，而社会的文明程度和精神风貌又是社会公德的外在表现。一个人讲究礼仪，既是个人道德修养的表现，又是社会文明礼貌与社会公德的表现。同时，个人讲究礼仪又能促进个人道德修养的提高和社会公德的形成。因此，每个人都讲究礼仪，无论是对个人的健康成长，还是对社会良好风气的形成与维护，都具有重大的意义。

每个社会成员都养成讲究礼貌礼节的良好习惯，是培养自己良好道德的基本途径之一。每个人的礼貌礼节行为不仅是社会道德的基础，还将大大促进社会公德的提高。

（二）讲究礼仪是建设社会主义精神文明的需要

讲究礼貌礼节的行为是一种文明的行为，而文明是人类历史发展的产物，反映人类的进步。礼貌礼节是人类脱离野蛮和愚昧的表现。在社会这个大家庭里，人人都希望得到别人的尊重，希望自己是一个彬彬有礼、有风度、有气质、受欢迎的人。这也是人的一种高于物质的需要，即精神需要。这种需要，首先要求对自己的言行进行规范，只有你首先尊重别人，别人才会尊重你。如果人与人之间的关系都能以"严以律己，宽以待人"为准则，那么，人人都会在这种环境中得到一种精神满足。

（三）讲究礼仪是从事工作的需要

我们将来无论从事何种工作，都要与他人打交道，种种社交活动，都在于搞好本职工作，要想搞好工作，必须讲究礼仪。因此，讲究礼仪是我们从事工作的基本条件之一。特别是从事接待服务的人，由于其工作的特殊性，要求必须具备较全面的礼貌礼节常识和较高的道德修养，才能给服务对象留下美好的印象；只有礼貌服务，才能满足服务对象的心理需要。否则，将引起服务对象反感，导致交往的失败。在市场经济体制条件下，企业间的竞争尤为激烈。人员综合素质越高的企业，在竞争中越容易取胜，而人员这种综合素质的外在表现就是礼貌、礼节。

第二节　日常交际礼节

一、公共场合的礼节

在公共场合要有礼貌，这比所有其他场合表现礼貌更能反映出一个人的文明程度。公共场所的行为规范和礼貌，虽然简单，但若要随时随地都做到自觉遵守，举手投足都养成文明礼貌的习惯，并不是一件容易的事。具体说来，应注意以下几点：

（一）优雅的行为举止

优雅的行为举止跟一个人的气质一样，不论在什么地方，与什么人相处，所表现的行为举止应始终如一。优雅的行为举止应有正确的体姿，即我们形象概括的"坐如钟，站如松，行如风"。所谓"坐如钟"，就男士而言，指微微张开双腿而端坐的姿态，表现出稳重、豁达；就女士而言，指并拢双膝而端坐的姿态，表现出庄重、矜持。所谓"站如松"，指站立时脊背直立，胸部挺起，双目平视，双手自然下垂，表现出愉悦、自信的神态。所谓"行如风"，指行走时上身直立，两眼平视，双手自然轻微摆动，步伐或轻盈快捷，或稳健适中，表现出轻松、平静、愉悦、自信、庄重的神态。

（二）在公共场合不宜故意张扬

这是礼仪中最重要的准则。首先，避免表现出引人注目的态度和引人注目的着装；其次，不可以盯着他人，或鲁莽地撞到他人，或手指他人。不要用嘈杂刺耳的声音说话，不要叫别人的名字和评论别人，还应注意不能在公共场合挖鼻孔、掏耳朵、化妆等。咳嗽、打喷嚏，应背过人用手帕捂住嘴等。女性补妆应到洗手间去进行。

（三）遵守公共秩序

无论是乘车，逛商场购物，去公园游玩，进餐厅等，都要遵守公共秩序，按先后顺序依次进行。你若不遵守秩序，横冲直撞，随意插队，就会在公共场所给人留下没有教养、自私自利、不懂礼貌的坏印象。

（四）爱护公共环境和公共设施

一个具有文明素养的人，应养成不随地吐痰、不乱扔果皮纸屑的习惯，随时随地都应注意保持公共场所的清洁卫生，在使用公共场所的设施和公物时，应小心爱护，使之保持清洁和完整，不得随意攀摘公共场所的花木。有抽烟习惯的人，不得在人多的地方（如公共汽车、舞会、电影院、会议室等）抽烟。

二、见面的礼节

见面的礼节是促进感情交流，塑造良好形象的一个重要方面。初次见面的几句话所造成的印象常常会引起深远的效果。这种场合所表现的言谈举止虽然简短，却相当重要。

（一）介绍

介绍是初次见面者相互认识的方式，也是公共关系人员日常交际礼节之一。一般有如下两种情况：

1. 他人介绍

即由第三者介绍，一般由主人、活动的组织者担负为到场的宾客作介绍的任务。当面介绍别人时，介绍人应遵循如下规则：把年纪较轻的引荐给年长者；年龄相差不多的情况下，应向女士介绍男士，再向男士介绍女士；两人都是男士或女士，一般把职位低的人介绍给职位高的人，或把年轻的介绍给年长的；向自己的父母介绍朋友时，则先向母亲介绍，然后再向父亲介绍。

如遇一些人正在谈话，主人应相机行事，不要因介绍一位客人而打断他们的谈话。在任何场合中，刚到的客人，都不必介绍给正准备离开的人认识。

如准备单独介绍两人相识，应该首先了解双方是否都有结识的愿望，或主人应衡量一下他们是否有相识的必要，以免造成不必要的尴尬。

如与朋友在路上遇见另一位朋友，没有特殊原因一般没必要介绍；如两人要停下来谈较长时间，你就该替身边的朋友介绍一下。

介绍别人时，最好是简单介绍他们的背景，以引出他们往下谈话的话题。例如，"这位是李明，他是教师。""这位是×××，他是××单位的。"作为被介绍者，应该是正面对着对方，显示出想了解结识对方的诚意。待介绍完毕后，通常应先握一握手，并说声"你好"、"幸会"、"久仰、久仰"之类的客套话。

2. 自我介绍

如果你想同某人认识，却又苦于没有一个合适的人从中介绍，一个最好的方法就是大大方方地自我介绍。一般情况下，你应面带微笑，温和地看着对方说一声"您好"来提请对方注意，然后报出自己的姓名和身份，并说"请多多指教"。自我介绍切忌不顾对方反应，一下子说个不停。过于急切与一个陌生人拉近距离，会使对方感到莫明其妙甚至反感。自我介绍后交谈语言要得体，态度也应谦和。

（二）握手

握手是表示敬意、祝贺、感谢、安慰、欢迎、友好的礼节。通常与人第一次见面时要握手，熟人久别重逢也要握手，告辞或送行时，双方也要握手作别。有时，在一些特殊场合：比如向人表示祝贺、感谢或慰问时，双方交谈中出现了令人满意的共同点时……，习惯上也以握手为礼。

握手的姿势应是：两人的手掌都处于垂直状态，距受礼者约一步，上身稍前倾，两足立正，伸出右手，四指并拢，姆指张开，与受礼者握手应双目注视对方，并上下微握两、三下，礼毕即松开。

握手的礼节很多，一般应注意以下几点：一是握手的力度要适中，时间不宜过长、过久，初次见面一般不超过3秒钟；二是上下级之间，长辈与晚辈之间，宾主之间，要等上级、长辈和主人先伸手；三是男女之间，一般要等女士先伸手后，男士才能伸手相握；四是多人同时握手时应按顺序进行，不得交叉；五是在握手前，男士必须先脱下手套，摘掉帽子，而女士可戴着手套。

（三）招呼

人们在日常交往中，已经相识的人见面时要相互致意，通常称为招呼。招呼是人们见面时最简单的礼节。最普通的招呼是问一声："您好"、"早上好"、"下午好"、"晚安"等。对不太熟悉的人，或与你匆匆交臂而过的人，都可以点头招呼。在国外，很熟的人或朋友见面时常常只是"嗨"一声就算打了招呼。

（四）称呼

与人见面时打招呼、登门拜访或给别人写信时，首先就是如何称呼别人。在我国一般惯用的称呼是"同志"，对医生、教师、律师等可以直接称呼其职务，如吴教授、李医生等。一般的关系，则对男士可称先生，对女士可称夫人、小姐或女士。有时，实在不知道对方情况，不知道如何称呼才好，权宜之计的称呼是称其为"××老师"，这既尊敬有礼，又不使人觉得"洋"味太重，尤其是在教育界、文艺界，显得更加贴切妥当。尤其注意的是，在任何情况下叫人绰号都是不礼貌的。

（五）告辞

对普通聚会而言，当你要告辞的时候，只要悄悄站起来就行了，用不着高声宣布告退，以免引得大家对你注意。在小型聚会中，应向大家告辞一声再离去。在大型的宴会中，只要向主人告辞，再向一起聊过天的几位说一声"再见"即可。与男女主人告辞时，说了"再见"之后，还应加上一句"谢谢！打扰了"。告辞应由客人提出，并等客人起身告辞后，主人再站起来相送。

三、使用名片的礼节

名片最初的作用是供拜访者通报姓名用。在现代社交生活中，名片已成为社会交往的礼俗和工具。对于要广结良缘的人来说，更是一种不可缺少的交往手段。

名片的规格一般为6cm×9cm左右，多用白色、乳白色或浅米色。名片上的字以端正匀称为宜，多采用仿宋体、楷书或手写体。名片有普通社交名片和公务名片之分。后者与前者的区别在于：它除了姓名、地址、电话号码外，还应把使用者的单位名称，所任职务及职称等印在名片上，以求明了。横写的名片，一般是把姓名写在当中，把地址及电话号码以较小的字体印在名片的右下角。

通过递送名片，可以使对方认识你，与你联系。而公共关系人员使用的名片，除具有个人意义之外，还是他们所在组织形象的一个缩影。

名片应用较精致的名片夹保管。名片夹只能放在左胸内侧的西装口袋内。名片递送的先后顺序是，地位低的人先向地位高的人递，男性先向女性递。向对方递送名片时，应面带微笑，注视对方，将名片正对着对方，用双手的拇指和食指持名片上端两角送给对方。如果是坐着的，应起立或欠身递送。接受他人递过来的名片时，除女性外，应尽快起身或欠身，面带微笑，用双手拇指和食指接住名片的下方两角，并视情况说"谢谢"、"能得到您的名片，真是荣幸"等。当对方递给你名片之后，如自己没有名片或没带名片，应先向对方表示歉意，再如实说明原由。

在现代人际交往中，最常见的名片使用方式有以下几种：一是带有商业性质的横向联系和交际；二是社交中的礼节性拜访；三是用在某些表达感情或表示祝贺的场合；四是非正式邀请很熟的朋友相聚时，用名片代替请贴。

四、谈话的礼节

谈话是社交活动中的一门艺术。要熟练地掌握这门艺术的技巧和方法，就必须懂得谈话的有关礼节，才能加强双方信息的沟通和传递。

（一）交谈的礼节

交谈时并非只是语言的交流，而是全部表情的交流。正确的交谈应该是真诚热情、平易稳重、开诚布公；而不能虚情假意，傲慢冷淡、慌乱小气。谈话时目光要对视，表情要轻松自然，交谈时语言要适当得体，为了加强语气，强调内容，适当做一些手势，有利于谈话的效果。

交谈时应尽量放低声音，用委婉柔和的声调，发音稍缓，要有抑扬顿挫，才会令人感兴趣，为人所接受。与人交谈时，要掌握时间进度，要根据交谈内容和重要性而定，不宜过长，以免对方不耐烦。交谈中如遇有急事，或离开时，应向对方打招呼，以表示歉意。

（二）聆听时的礼节

聆听他人谈话时，眼睛应有礼貌地注视对方，集中精力，注意倾听，不要东张西望或做其他事情，也不要做其他不必要的小动作，如玩弄指甲、摆弄衣服、打哈欠等。如果因未听明白或必须及时就对方讲到的话题了解情况而插话时，应先征得对方同意，并用礼貌的语言开路，以避免对方误解。如果听取了对方的某项秘密，务必对别人缄口不言，为人保守秘密。

此外，还应注意聆听时的姿态。坐在椅子或沙发上应面向对方，挺胸倾听，双膝并拢，手轻置其上，切忌晃二郎腿；站着聆听，脊背要挺直，收下巴，肩膀不可用力，与多人交谈须左右移动视线，不要来回走动。聆听时须保持一定距离，不可太近。

（三）话题

在社交场合中交谈时应注意选择大家共同感兴趣的、方便发表意见的公共话题，如天气、当天新闻、家常杂事、现场布置等。交谈内容应是一些健康的、有益于活跃气氛、利于相互沟通的事情。交谈中，对别人谈话中的失误，不必当场指出，以免伤其自尊心。一般不宜用批评的语气谈论在场者或其他有关人士。切忌挑起争论的话题，也不要涉及有关他人隐私的话题。男士一般不参与女士圈内的谈话内容。

五、参加宴会时的礼节

（一）应邀

接到正式宴会邀请的一方，能否出席，都要尽早答复对方，以便对方安排。一般情况下，对注有R·S·V·P（请答复）字样的，无论出席与否均应迅速答复；对注有Regrets only"（不能出席请复）字样的，如果不能出席应及时回复；经口头约妥再发来的请柬，上面一般注有"Toremind"（备忘）字样，则可不必答复。答复对方，可通过电话或信函。

接到邀请后，应核实宴请的主人、时间、地点，是否邀请了配偶，宴会后是否举行舞会，对服饰是否有特殊要求等。接受请柬后一般不要随意更改，如因急事不能如期赴宴，应尽早向主人解释、道歉，甚至亲自登门表示谢意。

（二）赴宴

如期准时出席宴会是礼貌的表现。迟到、早退或逗留时间过短，会被认为是失礼或有意冷落。一般客人应正点或晚一二分钟或提前二三分钟到达，身份高者可略晚到达。确有事情需提前退席，应向主人致歉后悄悄离去。

到达宴会地点后，应主动前往主人迎宾处，主动向主人问好，对宴会上的人，不管相识与否，都要笑脸相迎，点头致意，握手寒暄。对邻座年长者、身份高者、女士要主动起立、让座恭安。对邻座不相识者，可以作自我介绍，然后热情有礼的交谈。

客人入座后，主人招呼即可开始进餐。进餐不要左顾右盼，或漫不经心拨弄餐具。主人敬酒时应起立回敬，吃东西要文雅。

宴会进行当中，侍者上鸡、龙虾、水果时，有时会送上一小盆（铜盆、水晶玻璃缸）水。水上飘有玫瑰花瓣或柠檬片，供洗手用。洗手时两手轮流沾湿指头，轻轻涮洗，然后用餐巾或小毛巾擦干。

喝茶或咖啡时，应右手握杯把，左手端盛杯的小碟。

（三）致谢

一般宴会结束退席时，男宾先向男方主人告别致谢，女宾先向女主人告别致谢，然后交叉告别，最后与其他人告别。参加正式宴会前、后向女主人赠送鲜花，并送印有"致谢"的名片或感谢信。感谢信应简单明了，只表达感谢之情，措词可约略如下：

尊敬的夫人：

我给你写这封信是为了表达我先生和我对于您昨午（晚）友好款待的无限赞赏。

这是一次非常愉快的聚会。我们十分感谢您的盛情邀请。

您真挚的朋友×××

六、接电话的礼节

随着通讯事业的发展，电话已成为人们彼此交往、联系工作、沟通感情的一种重要工具，也是不可缺少的社会交际手段。因此，无论是发话人还是受话人，都应注意使用电话时的礼节。

（一）接电话的礼节

电话铃声一响，应立即接话，及时应答，接电话时，首先要报出自己的单位、姓名，使对方明白是否拨对了电话及所要找的人。如果自己不是受话人,应负起传呼的责任,这是维护和塑造单位良好声誉的途径之一。听对方谈话要做好记录,准备应答。接记电话时,应尽量避免打断对方的讲话,但为表示你在专心聆听,要适时用"嗯"、"是"、"好"、"对"、"知道了"这类短句作答,给对方以积极的反馈。对没有听懂的某句话,可请求对方重复叙述。记录完毕,要复述核实。在电话中接到对方邀请或会议通知时,应热情地致谢。结束电话前,应礼貌地寒暄,让对方结束电话。接电话人在听筒里听到对方挂机以后,再轻轻地把话筒放回原处。

(二)打电话的礼节

打电话,说来简单,实际上也是一门艺术,需要反复地练习和学习。

通电话之前应核对对方单位名称、电话号码和接话人。打电话的时间选择,一般而言,如果给某人家中打电话,白天在九时以后,夜间在九时或十时以前;如果给办公室打电话,应避开临近下班的时间;如果没有特殊情况,不在中午给老人打电话,以免影响午休。

当你接通电话后,先说:"你好",马上说明自己是谁。自报家门之后,简单地寒暄一下就进入正题。打电话时,说话的声音只需和你平时的一样就可以,语言要精炼准确,说话的声调要显得很热情愉快,给人留下一个好印象。通话结束时应该礼貌地说声"再见",这既是通话结束的信号,也是对对方的尊重。

七、馈赠的礼节

亲朋好友之间相互拜访,"礼尚往来"是交往中联系感情的一种方式,赠送礼品有许多学问和礼节,并非是任何场合、对于任何人、赠送任何礼品都会收到预期的效果。如果处理不好,就起不到馈赠礼品的效果,甚至弄巧成拙,适得其反。

一般来讲,在何种情况下馈赠,赠送什么礼品,往往取决于拜访的目的和对象。亲朋之间来往应提倡"君子之交",大可不必凡事都"非礼勿送";而"礼尚往来"、"略表寸心",又是日常和社交活动中表达友情和谢意的形式之一。馈赠要掌握好"礼轻"之度,要辩证的理解"礼轻人义重"的含义。公共馈赠是公关活动的一种辅助性手段,是为了达到公关活动目的一种馈赠。公关人员代表一定的社会组织机构向对方馈赠一定的礼品,使受礼者感受到社会组织对自己的友好、信任、关心和理解,从中体会到珍贵的情感与友谊。

礼品可以分为以下几类:第一类是恭贺性礼品,主要用于一些喜庆的场合,如企业、商场的开张、乔迁、扩充、大厦的落成等,可送上花篮或画匾等;第二类是问候性礼品,主要用于一些需要安抚、慰问的场合,如同事、朋友患病去探望时,送上水果、营养品之类;第三类是鼓励性礼品,主要用于一些需要鼓励的场合,如表彰、受奖、升学、调迁等送上一些具有实用价值和纪念意义的文化用品;第四类是感谢性礼品,主要用于感谢他人的帮助,一般送一些具有纪念意义的礼品作为答谢。

在公共关系外事活动中,应注意不同的国家和民族对礼品有不同的理解和送礼方式,要了解遵守馈赠对象的习惯、嗜好和忌讳。

第三节 日 常 接 待

一、迎送

迎来送往是公共关系人员开展对外交往的基本工作之一。在公共关系交往中,通常根据客人身份、关系密切程度、活动的性质等因素，安排相应的迎送活动。主要迎送人员通常与来宾级别相当或相差不大，尽量做到对等一致。如果主要迎送人员因故不能出面时，应委托有关人员进行，并向对方解释清楚，以免产生误会。其他迎送的人员不宜过多。注意安排好迎送车辆，准备好途中交谈的话题等。

有远到客人，一般应安排接站。接到客人后，就应主动上前与客人握手，说一些"您路上辛苦了"之类的话。客人抵达后，首先关心的是日程安排，因此，公共关系部门应会同有关业务部门事先拟定好活动计划，并打印出来，客人一到，稍事休息，就将日程表呈上。同时，还可以送给客人有关公司简介、参加活动的背景材料、所在城市的交通图、当地的风土人情、名胜古迹介绍、气候、物产等资料。

送客，是迎送的最后环节，要使迎送活动善始善终，一是要为客人的返程提供方便，如代购车船票、派车送至车站、码头等；二是要到客人住地或车站、码头送行。送别客人时，应挥手告别，待车船启动后再离开。

礼貌周全的迎送，有利于协调关系、增进友谊，为交往合作奠定良好的基础，从而促进事业的发展。

二、会见

会见，国际上一般分为接见和拜会。凡身份高的人士会见身份低者，或主人会见客人，一般称为接见或召见；凡身份低的人士会见身份高者，或客人会见主人，一般称为拜会或拜见。根据我国惯例，一般称为会见。接见或拜会后的回访，称为回拜。

正式的会见通常在会客厅举行，有一个固定的礼宾顺序，一般要求是：客人在主人的右边就座，译员、记录员在主人和主宾的后面，其他客人按礼宾顺序在主人一侧依次就座，主方陪同人员在主人一侧依次就座。如座位不够，可在后排加座。如图6-1、图6-2所示。

会见前，工作人员应在大楼门口迎接客人，引入会客厅，主人应在会客厅门口迎接。礼节性的会见一般掌握在30分钟左右为宜。

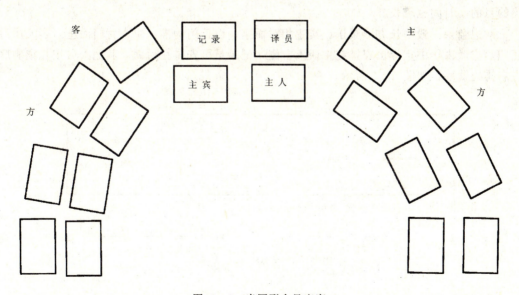

图6-1 半圆形会见座席

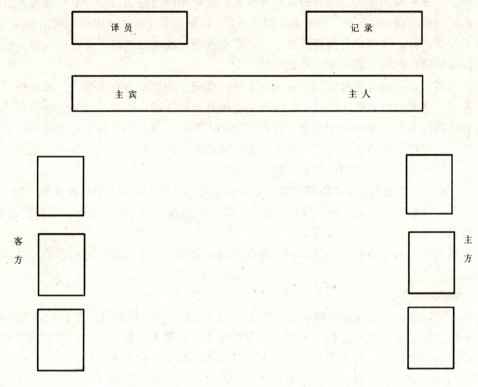

图 6-2 门形会见座席

三、会谈

会谈，是指双方或多方就某些重大的政治、经济、文化以及科学技术等一些共同关心的问题交换意见和看法，也可以是双方洽谈业务，进行具体业务谈判。会谈一般有十分明确的目的，时间也较长。

双边会谈一般用长方形桌子，宾主相对而座，以正门为准，主人背门而座，客人面对正门。主谈人居中，译员安排在主谈人右侧，记录员可安排在后面，其他人员按礼宾顺序左右排列就座，如图 6-3 所示。

		译员		主宾		
6	4	2	1	3	5	7
7	5	3	1	2	4	6
		主人		译员		

正　门

图 6-3 会谈主宾双方座位

如会谈长桌一端向正门，则以入门的方向为准，左边为主方，右边为客方，如图 6-4 所示。

图 6-4 会谈主宾双方座位

多边会谈，对等性较强，座席的安排更讲究各方的平等，座位可摆成圆形、椭圆形、方形等，如图 6-5 所示。

图 6-5 多边会谈座位

小范围的会谈，也可以只设沙发，双方座位按会见座位安排。

四、办公室接待

接待公众来谈、商谈业务都要由公共关系部门在办公室或专门接待室给予接待。办公室接待应选择整洁、安静的环境为宜，接待室要光线充足，空气流通，布置得井井有条；接待人员要礼貌周到，客人到来应起身相迎、请客入座、沏茶、敬茶。斟茶不可全满，只宜倒八分满；然后主动询问来访事由，妥善处理。交谈时要集中精力倾听，不要轻易打断他人的话；如果客人谈的时间过长，自己过于疲劳时可以减少谈话，并不再往客人茶杯添水，以此暗示；若有急事办理或接电话，应向客人打招呼表示歉意。当碰到不便招待的人时，可以委婉地说："我有件急事需要处理，下次再谈吧！"也可以另约时间或让便于接待的人员出面。送客时，应握手、微笑，送到门外，并说："再见"。

在接待工作中，有时可能会遇到一些无理的来客。或无理取闹，或蛮横要挟，或软磨硬缠，或采取贿赂手段者，既不能漠然置之，也不能简单粗暴。首先应察言观色，做到心中有数。如有人称："你今天不解决好××问题，我将……。"这时，他有可能仅仅是要挟，目的是要引起你的重视，也有可能真的是一种将走极端的暗示。对此，接待人员应高度重视，采取"内紧外松"的态度，从正面、侧面尽可能详尽地摸清对方真实情况。在处理上既不能言词过激，也不能委曲求全，应不卑不亢，冷静客观地分析，合情合理地劝说，疏通双方交流的渠道，让来者口服心服。对于一些无理取闹者，要理直气壮，晓之以理，必要时可诉之以法。

五、车站、码头、机场接待

凡到车站、码头、机场迎接客人，必须提前到达等候客人，而绝不能让客人在那里等候。经过长途跋涉到达目的地的客人如果一下飞机、火车、汽车的时候就见有人等候，一定会感到十分愉快。如果是第一次到这个城市，更会因此获得安全感与好感。因此，必须准确掌握客人抵达时间，在班机（车）到达前15分钟赶到。如果客人与你第一次会晤，最好举个小牌子迎接，写上"××同志，欢迎您！"的字样，字迹力求端正，这样，客人迎面向你走来时会有某种自豪感。

接到客人后，应该说一些"您路上辛苦了"之类的话，然后立即介绍自己的姓名与职务。介绍完毕，应随手把客人提的行李接过来。但客人喜欢自提的东西不必代提。客人到达住地后，考虑到客人旅途劳累，迎接的人不必久留。

人际交往是一门艺术，接待的礼貌、礼节实际上也体现在人与人交往的艺术技巧之中。

第四节　交际活动与仪表

仪表美与风度美是每个人追求的生活目标之一，对于公共关系人员来说，更是职业的需要。端庄、整洁、美好的仪表，能使人产生好感，有利于提高公共关系工作的效率；在人际交往过程中，往往有形无形左右人们之间相互关系的建立和发展，它在人们交往中产生着重要的影响。

一、仪表与风度

（一）仪表

仪表，是指一个人的外貌、外表。从广义上讲，仪表是人的外在特征和内在素质的有机统一，既是指由人的容貌、姿态、衣着打扮、言谈举止、卫生习惯等先天性和习惯性因素构成的外在特征，也是指人的气质、性格特征、思想修养、道德品质、生活情调、学识才智、审美修养等内在素质的反映。在人际交往中，仪表是一个不容忽视的交际因素，良好的仪表如同一份介绍你自己的说明书，因此，必须注重自己的仪表，在短时间内给人留下一个好的印象。

注重个人仪表不仅是个人所好的问题，而且更体现出个人对他人和社会的尊重，体现出个人的自尊自爱，表现出一个人的精神状态、文明素养和良好的内在与外在素质，也关系到社会公众对其组织的评价和取舍的问题。良好的仪表，能够产生积极的宣传效果；美的仪表，给人以朝气蓬勃，热情好客，可以信赖的感觉，能使宾客对你的形象留下深刻的印象。反之，会使人望而生畏。因此，仪表既不仅仅是个人形象问题，也不仅仅是组织形象问题，更为重要的是，它反映了一个国家或一个民族的道德水准、文明程度、文化修养、精神面貌和生活水平。

（二）风度

风度，是指人的内在素质和外在特征和谐地统一在一起所形成的比较稳定而优美的特征。风度美包含着人的容貌、服饰、言谈、举止、表情、神态、行为特征、生活习惯等内在和外在的素质。

在日常生活中，我们常常看到，有的人气宇轩昂，有的人文质彬彬；有的人耿直豪爽，有的人含蓄深沉；有的人潇洒大方，有的人温文尔雅。如此等等，都是我们在与人交往中得到的有关"风度"的评价。由此可见，风度既是一种体现于仪表，而又高于仪表的东西，是一个人提供给人们整体的、综合的、和谐的美的印象。

仪表与风度，不仅具有显示个人形象的意义，是每个人进入社会角色所必须具备的条件。而且，它能够在一定的程度上反映出其所处时代和群体组织的精神风貌。

（三）仪表与风度的构成因素

仪表与风度的构成因素主要包括外在素质和内在素质两个方面。就外在素质而言，主要指人的仪容、仪态、服饰；就内在素质而言，指人的心理品质、学识才华、个性特征、审美修养等内在因素的总和。

塑造良好的仪表与风度，一定要遵循内在决定外在的原则，即首先应着力培养自己具有美的心灵，使自己具备丰富优美的内在精神世界；再着力塑造高雅的外在形态，包括自己的容貌、姿态、服饰、谈吐、生活卫生习惯等。只有这样，才可能塑造出符合自身实际的仪表形象和高雅风度。

二、仪态

仪态，是指人在行为中的姿势、风度。姿势是指身体呈现的样子，风度则是气质方面的表露。仪态美，对一个人的整体形象美、风度美具有不可低估的作用。仪态包括日常的仪态，工作时的仪态。古人主张，人的姿态要做到"站如松，行如风，坐如钟"。这是对仪态美的形象概括。

（一）站姿

站要有站相。良好的站立姿势，会给人一种挺、直、高的感觉。规范的站姿应该是：脖颈挺直，头顶上悬；下颌微收，双目平视前方，面带微笑；两肩放松，气下沉，自然呼吸；脊椎、后背挺直，挺胸收腹肌，臀大肌微收缩并向上提，臀、腹部前后相夹；两腿并拢立直，髋部上提；两脚根相靠，脚尖分开45°左右，身体重心在脚掌、脚弓上。

在站立时，切忌无精打采，东倒西歪，斜肩勾背，或者身体依靠物体站立；在正式场合，应避免将双手抱胸或插入裤袋里，更不能下意识地做小动作等。

（二）坐姿

坐也要有坐相。美的坐姿是一种文明行为，它既体现形态美，又体现行为美。良好的坐姿是端正、舒适、自然、大方。在社交场合，入座时应款款走到座位前；不论坐在椅子上或沙发上，最好不要坐满，也不要随意歪靠或半坐在椅子上，更不要趴在桌上或半躺在沙发里，显得很懒散的样子。女子入座时，应清理一下裙边，将裙子后片向前拢一下，以显得端庄娴雅；入座后，双脚并拢或稍微分开（男性可分开一个拳头左右，女性两膝要合并），手自然放在双膝上或椅子扶手上。男性可以跷"二郎腿"，但不可跷得过高，更不可两腿摇晃；女性可以采取小腿交叉的姿势，但不可向前伸直。

入座时，如果是从椅子后面靠近椅子，应从椅子左边入座；同样，站立时也应站在椅子的左侧，站起来后要把椅子摆回原来的位置。

（三）行姿

行姿是站姿动作的延续，是在站姿的基础上展示人体动态美的手段。良好的行姿应该是轻盈、自如、矫健、敏捷。

规范的行姿应是：身体重心稍向前倾，挺胸收腹，精神饱满；抬头，两眼平视前方，面带微笑；跨步均匀，两脚之间距离约一只到一只半脚；步伐稳健、轻盈、自然；脚既不向里拐，也不向外撇（年轻女子迈步脚内侧踩一条线，男子和中老年女子则走两条平行线）；两臂放松，自然协调地前后摆动。

在不同的场合，步态要同现实环境相一致。在花园里散步，要轻而缓；在室内走，要轻而稳；在阅览室或病房里，要轻而柔；在婚礼上，要欢快、轻松；在丧礼上，则要沉重、缓慢。

总而言之，良好的站姿、坐姿、行姿，是人的仪态美的重要组成部分。如果把一个人出现频率较高的形体动作"筛选"出来，那么，这些动作就在一定程度上反映了这个人的风度。

（四）手势

手势是一种形体语言，如果运用得恰当、得体，会使人感到既含蓄高雅，又寓意明了。

规范标准的手势应是：五指伸直并拢，注意将拇指并严，腕关节伸直，手与前臂成直线；在做动作时，肘关节既不要成直角，也不要完全伸直，弯曲为140°左右为宜；掌心斜上方，手掌与地面成45°；运用手势时，应目视来宾，面带微笑。

下面介绍几种常用手势：

1. 请进

如迎接来宾，先站在来宾的右侧，向宾客施鞠躬礼后，站成右丁字步；然后左手下垂，右手手指伸直并拢，从腹前抬起，向右横摆至身体的右前方；微笑友好地目视来宾，直至宾客走过去，再放下手臂。

2. 请坐

服务人员接待来宾入坐时，应用双手扶椅背将椅子拉出，然后一只手由前抬起，从上向下摆动至距身45°处，使手臂向下形成一斜线，表示请来宾入坐；当来宾在椅前站好，服务人员应用双手将椅子放至合适的位置。

3. 里边请

当服务员一只手拿着物品，或推扶房门、电梯门，并需要引导来宾时，可用左手拿起盘或用左手将门扶住，两脚站成左丁字步，右手从身体的右斜前方抬起约45°处，然后以肘关节为轴，前臂向左摆动成曲臂状，请来宾进去。

4. 请往前走

给来宾指引方向，用语言回答来宾的询问，并用手势指出方向。将来宾带到适当地段，将手抬到与肩同高的位置，前臂伸直，用掌指向来宾要去的地方，眼睛要兼顾所指的方向和来宾，直至来宾表示已清楚，再把手臂放下，稍微向后退一步，施鞠躬礼并说："请您走好"。

不同国家、民族，由于文化、习惯不同，其手势运用和所表达的意思也不完全一致。要正确运用和理解手势，就必须了解一些手势所代表的含意，注意自己的手势，避免一些下意识动作，以免发生不愉快的事。

（五）工作的仪态

公关人员被誉为组织机构的"外交家"，尤其应讲究工作的仪态。概括地讲，工作时要精神饱满、行动有序、举止稳重，给人以精明强干的感觉。在工作中除一般性的仪态要求外，还应注意以下几点：

（1）走路时，不要大摇大摆地走在走廊、楼梯中央，一般应靠右行；如遇长辈、上司或宾客，原则上走在他们的左边或右边，需超过时，应先表示歉意；对面相遇，在适当距离要点头致意；与长辈同行，要让长辈走中间；上下楼梯，头要正，背要伸直，胸微挺，收臀，弯膝；上楼时，如同长辈同行或引导客人，应将扶手留给长辈或客人，让其先行，下楼时则自己走在前面一两级。

（2）引导客人时，一般身体背部不要正对客人，应保持130°左右的角度，走在一二步的前方；与客人相距略远时，在转弯处应当稍停，并以手势示意方向，然后再迈步。

（3）在接待室要注意做到"三轻"，即走路要轻，脚下不要发出声音；说话要轻；端茶、倒水、递巾动作要轻。在服务间隙中，手脚不可摇晃摆动，双手应轻握在身前或两臂自然地下垂。

（4）给客人奉茶时，一般应左手四指托杯底，右手扶杯把，从客人后右侧边45°或前右侧边45°方向，稍欠身双手奉上，茶应放在客人稍伸手能取到的位置，然后手成直线收回，稍弯腰退下；沏茶时，左手扶壶盖，右手持壶把。客人坐着时，切不可在沏茶时躬着身子使臀部对着客人；也不可用身体挡在客人与交谈者之间。

（5）等电梯时，不要站在正面，以免妨碍他人；进入后应往里边走，靠边站。

（6）在公共或工作场合不能有以下仪态：指手划脚，拉拉扯扯，手舞足蹈，评头品足；当着别人的面伸懒腰，挖鼻孔，打哈欠，剔牙，喷烟圈；不加控制地狂笑或傻笑；点头哈腰，装腔作势，歪头斜眼。这些动作不仅会损害自己的形象，也可能给业务工作造成不良影响。

三、仪容

仪容，指人的容貌。仪表风度之美，离不开容貌美。一个人的长相得之于父母的遗传，它与每个人的学识、才华、事业成就并无直接必然联系。但它对于一个人的生活、成长、事业确实又存在一定的影响。

据说，林肯的一位朋友向他推荐一个人入阁，林肯却没有任用他。这位朋友问其原因，林肯答道："我不喜欢他那副长相。"朋友惊诧地问："可是，你不是太过分了吗？他怎能对自己天生的面孔负责啊？"林肯道："不，一个人过了40岁就该对自己的面孔负责。"在林肯看来，一个人的容貌虽由不得你，但长成以后，你的学识、教养、才气、内在精神、气质特征却是完全融合在你的身体里，表现在你的面孔上了。

可见，人的容貌不完全是天生，它需要适当的修饰，美容化妆和后天的努力，才会使之趋于完美。

（一）美容与化妆

俗话说，"三分人材，七分打扮。"美容化妆，就是通过运用丰富的化妆品和工具，采用合乎规则的步骤和技巧，对脸面、五官及其他进行预想的渲染、描绘和整理，以强调和突出个人所具有的自然美，遮盖和弥补面部存在的不足与缺陷，达到美容的目的。

适当的化妆既是一种礼貌行为和自信、自尊的表现，也是出席正式社交、公共关系活动的礼仪要求。它可以使人变得朝气蓬勃，容光焕发。

美容化妆应以淡雅、自然为原则，以协调、高雅、精神、舒适为度，以清洁、健康为宗旨。

下面简要介绍化妆的基本技巧：

1. 净面

指用净面霜或温水或冷开水将脸洗净。

2. 基面化妆

指脸面整体的底角晕染。具体分为四步：①涂化妆水：用棉球或化妆棉蘸化妆水，向全脸轻轻拍打，油性皮肤要多用些，在T带要仔细拍打。②抹粉底霜：待化妆水干后，上粉底霜或其他护肤霜，在多脂的T带只需薄薄地涂一层，油性皮肤少抹些，干性皮肤多抹些，并且在额头、面颊、眼周细抹两次。③上粉底：用手指或海棉蘸粉底，涂抹全脸，应先额部，后面颊、鼻尖，然后用手指肚或手掌轻轻抹，注意面部与颈部、耳后等颜色相衔接。④扑化妆粉：上好妆后，要略扑化妆粉，如果使用粉型粉底效果好，一般不用再扑粉。

3. 眼部化妆

眼部化妆可分为两步，即画眼线和涂眼影色。①画眼线：用轻质的眼线笔，紧挨眼睫毛由内眼角轻轻画到外眼角；上眼线色深（黑色），下眼线色浅（棕色或灰色）；上眼线粗；由内向外画时，要由细到粗；下眼线在外眼处切不可相连接。②涂眼影：用海棉球或化妆笔蘸棕色的眼影粉，按眼睛外形揉开，然后在外眼处稍加点蓝色或其他色彩的眼色，与原来颜色揉合，内眼角再涂点暖色眼影，几种颜色要揉匀，眼影画完后可根据个人的具体情况，对睫毛进行化妆点染。睫毛长者可涂点睫毛油，睫毛稀疏、浅淡、较短者可装幅假睫毛。

4. 眉的化妆

眉的化妆首先要了解自己的气质特点、脸型特征、眼睛形状及大小、鼻子高低等，确定符合自己特点的理想眉形。圆形的脸，鼻梁不太高，眉毛不宜过细过圆滑，眉头可稍宽稍浓些，可伸向鼻梁部位，眉腰至眉峰可逐渐向上挑，眉梢渐细而下弯。长方脸，眉型可稍稍细一些，柔和地、弯弯地向两边伸展，眉毛尾部、眉梢还可以稍稍地拉长一点，可使自己的脸型显得较短，减少长方形的硬线条。如果想使自己的容貌显得年青、活泼、开朗些，画眉时，可将眉头拉开些，离鼻梁稍远点，再柔和地滑向眉梢，整个眉型可短些和稍粗些，但不宜过浓。对戴眼镜者而言，眼镜框不宜和眉毛重叠，眼镜要适当选大一些的，使眉毛能出现在镜片之中。

5. 染颊红

染颊红要领是浅施轻染，切忌过重过浓。具体抹法有两种：一种是沿颧骨发边抹去，再向下晕染；另一种是从发边沿颧骨下方向口角抹，然后向上方晕染。抹时先用颊红沿颧骨轻涂，然后用手背或腮红刷自然晕匀。

6. 唇的化妆

指口红的描画和涂染。其方法是：用唇笔两面均匀沾满口红，然后用笔边沿唇廓自然地描出曲线，从嘴角两边向中央描，先描好上唇的唇山、唇谷轮廓，再描下轮廓；线条要柔美、丰盈；用纸巾轻按唇廓，使口红不会渗开。再用唇笔涂染中间，用色比轮廓稍淡些，沿唇纹填涂，再用纸巾轻按；最后用唇笔涂光泽唇膏，以增加透明感。

7. 鼻的化妆

指鼻影晕染。鼻影能增强妆面的立体感。一般在鼻梁两侧用棕色粉底，也可用暗粉底色或眼影抹鼻影。

在完成以上基本步骤后，应进行全面检查，检查整个妆面是否和谐、自然，口红是否涂匀，粉底是否结粒，然后根据具体情况适当修改。

男士的化妆以整洁和反映男子自然具有的肤色、发质、五官轮廓和气度之美为佳。男士的化妆,应特别注意发型的自然、美观、清洁。发型要符合自己的风度和内在气质。举止端庄稳重的人要选择朴素沉静的发型;活泼直爽的人要选择线条明快、造型开朗的发型;潇洒奔放的人要选择豪爽浪漫的发型。只有发型适合年龄、身材、脸型,才能达到和谐美。此外,男士的胡须应常剃。

(二) 仪容的塑造

在现实生活中,具有完美无瑕或丑陋至极的面孔的人是非常少见的。个人的长相总有其独特的个性特征和美妙之处,这为塑造个人容貌美奠定了良好的自然基础。一个人美的容貌,一方面得益于自然,即天生长相由父母遗传基因决定。这种自然美应注意维护保养,经常保持面部及身体各部位的卫生,养成良好、健康、文雅、科学的生活习惯和举止,着装、打扮、化妆不盲目从众。另一方面,通过巧妙的化妆技术,突出个人的自然美和加强个人后天内在精神的培养。人的情感会影响面部肌肉不自主的运动,随着时间流逝而在面部留下痕迹。因此,容貌之美不仅源于端正的五官及精湛的化妆技术,更需要提高个人修养,保持身心健康,乐观豁达,充满自信,努力创新,积极进取。

(三) 个人习惯与仪容

在交际活动中对个人初次的评价,往往是根据个人的印象,因此,要特别注意自己的仪容、服饰、个人卫生。一般而言,在公共场合梳洗是不礼貌的,特别是梳头发、修指甲、清理耳朵、鼻子、牙齿等。

参加公共活动,应常携带一块手帕,用来擦汗、擦眼睛或鼻子,不可用来清理耳朵或吐痰,用过的手帕不可放在桌上。口痰应吐到痰盂里或纸中扔入垃圾筒内、厕所里。在公共场所,应力争避免从身体发出一切声音,如打喷嚏、打哈欠等;在公共场合,不要用手抓挠身体任何部位,如抠弄手指、抖动腿或脚等;吸烟,在公共场合是禁止的,如果允许,也要注意方式和位置。

四、服饰

俗话说,"马靠鞍装,人靠衣装。"穿着是一门艺术,选择恰当得体的服饰,能充分展现自己的特点,显示出高雅的审美情趣,在交际场合,注意服饰,既体现了对主人和宾客的尊重,也体现了自己和所代表的组织的身份和素质。在现代社会发展中,在人们日常生活与工作中,服饰的魅力具有重要的作用。

(一) 服饰的一般要求

服饰包括服装和饰品。其种类、样式、花色千差万别,往往因场合不同、季节时令变化、个人爱好、穿戴技巧的不同而在每个人身上显示出纷繁复杂的多样性和差异性。

公共关系人员服饰的基本准则是:整洁大方、端庄得体,要显示出朝气蓬勃、精明强干和稳重高雅的职业风格。为此,要做到五个"协调",一是要与自己的身体特征、性格、气质协调;二是要与自己的职业、身份协调;三是整个身体的"装束"(包括衣、帽、鞋、袜、饰品、化妆等)要相互协调;四是要与气候季节,所处环境和气氛协调;五是要与民族文化习惯和社会基本审美情趣相协调。

美学家们认为,服装的定义应该是衣服和人体的配合。衣服穿在人的身体上,就与人体构成了一种装束,装束比服装更为重要。个人所追求的,不应该是所谓的好衣服,而应该是一种成功的装束。只有当衣服与鞋、帽、袜、围巾、提包、饰物等协调搭配,才能真正显示出服饰的美感。所以,服装专家一再提醒人们:"注意整体搭配。"服装的式样和颜色如果搭配不当，那么档次愈高，则负面效果愈大。即使是同样的衣服，尺码大小、新旧程度、整洁程度、穿着形式等不同，也会产生不同的装束效果。正因为服饰有这些学问和艺术，才使人们将其作为衡量一个人内在素质、审美能力、学识修养的一把尺度。

（二）男士服饰

男士参加交际活动主要穿三种外衣：中山装、西装和夹克。男士服装的流行式样变化较小。男士合体上衣一般长度不过臀围线，四周下垂平衡，手臂伸直时上衣的袖口恰好过腕部；领子应紧贴后颈部，衬衫领子稍露出外衣；衬衫的袖子应比外衣袖子长1～2cm。经常参加社交活动的男士，应准备二三套合体的西装，灰、黑、蓝、棕色都是可供选择的颜色，并要配好衬衫。

男士外出还可准备一件大衣或风衣，在正式场合一般不宜穿大衣或风衣，但在需要室外活动的场合，既可以保暖挡风，又可以增添潇洒的风采。男士的皮鞋以黑色为佳，显得素雅、端庄、得体大方。旅游鞋、运动鞋只适合配夹克、休闲服、运动服。男士的手饰只限于结婚戒指、图章戒指、手表或挂表。结婚戒指应戴在右手无名指上，图章戒指应戴在左手小指上。

（三）女士服饰

一般来说，适用于男性的服装，大多也适用于职业女性。如西装、衬衫、夹克、长裤等。由于女性的服饰较男性的丰富，选择的时候应考虑自己的体型，精心搭配，做到扬长避短，进而取得较为理想的效果。

对身材胖的女性而言，服装的质地既不能太厚，也不能太薄，应选用厚薄适中，柔软而挺括的料子；不宜穿大花、大格子、横条纹的服装；黑色、深蓝色是最能显示身段苗条的色彩；最好不要穿无袖短衫或连衣裙，也不要穿过松、过紧、过短的连衣裙；服装大小要合身；适合穿西服套裙、带公主线（即刀背线）的衣服或连衣裙。总之，服装力求线条简洁明快，避免款式过于复杂和花边装饰过多。

对身材瘦的女性而言，大多数衣服都能穿，但穿连衣裙领口不宜开得过低，以避免露出高突的锁骨；面料不应过薄，图案不宜选用竖条纹的；如果要使自己显得丰满一些，可选择泡泡袖、灯笼袖、领口装饰花边、百褶裙、喇叭裙等服饰。

对身材高的女性而言，可选择在腰间分段的服装，如一条宽皮带、呈对比色的裙子与上装；选择衣服以舒适为主，但不宜过分贴身；碎花、几何图形的、A字裙、V字和船形的套头上衣都适合高个子女性。

对身材矮的女性而言，不宜选择将身体分成上下两部分的服装，应选择垂直线条式样的服装；小花图案的比大花效果好；衣服鞋袜连成一色会给人以修长感；上衣短、裙子长，加上中跟鞋，可显得高一些。

对身材适中的女性而言，可选择在颜色上或式样上可以夸大自己优点的服装，但应注意自己的肤色与衣服颜色的搭配，年龄与款式是否相称等。

当然，女性还应选择恰到好处的配件。配件包括：帽子、手套、鞋子、首饰、手提包等。恰到好处的配件可以使女性的服饰看起来更加美丽，并且，不同的配件可以使一套服装的风格变化万千。

（四）几种特殊场合的着装

着装必须注意场合，尤其是一些特殊的场合，穿与场合气氛不相符的衣服，不仅使自己尴尬，也会被别人视为是一种失礼或缺乏教养的行为。

（1）隆重正规的场合应穿严肃大方的礼服。如国家庆典仪式、国宴、国家最高领导人接见、国王登基、国家元首任职、国庆、国家领导人团拜、大使递交国书、授勋仪式等。这些场合一般男性穿深色中山装或西装，女性穿西装或裙子（最好是单色长裙）。

（2）参加婚礼，或到朋友家作客，或参加联欢会，应尽可能穿得美观一些，女性应适当修饰打扮。

（3）参加葬礼和悼唁活动，最好穿黑色或其他深色、素色服装，切忌大红大绿，五彩缤纷。服装要让人有一种庄严感，不宜穿各类宽松服装或便装，以免冲淡现场气氛。

（4）郊游应以简便、舒适及实用为主，可穿各式便装。

（5）乘汽车、火车、轮船、飞机旅行，宜穿便装，但登机、上车前，或下机、下车有迎送仪式，则应更换礼服。

复习思考题

1. 什么叫礼貌、礼节？二者之间的关系怎样？
2. 按规范要点，进行见面时礼节的训练。
3. 如何使用名片？
4. 每人以小品的形式将学过的日常交际各种礼节进行综合训练。
5. 设计一项日常接待计划。
6. 什么是仪表、风度？它们由哪些因素构成？
7. 结合自己实际，谈谈应从哪些方面提高修养才能使自己具有良好的风度？
8. 人的姿态怎样做到"站如松，行如风，坐如钟"？并进行站、行、坐姿练习。
9. 根据自身情况进行化妆操作练习。
10. 根据自身情况进行着装练习。

第七章 公共关系文书

文书是一种记录信息、表达意图的文字材料。公共关系文书是企业（或单位）为了树立本组织的良好形象，进行公共关系活动过程中记录信息、表达意图、互相联络的文字材料。它包括请示、报告、简报、消息、通知、柬帖、书信等。公共关系文书具有实用性、广泛性、艺术性强的特点。它不仅是企业开展公共关系工作的重要手段，也是企业公共关系水平的重要标志。

第一节 公关与公文

一、公文的涵义

公文是国家机关、社会团体、企业单位为处理公务，按规定格式制作、按规定程序处理的一种文书。在公共关系活动中，公文是表达企业意图、陈述意见、记载事务的书面材料，是上传下达的指挥工具，也是沟通左右的重要桥梁。因此，公文在公共关系活动中得到广泛的应用。

二、公文的种类

根据1993年国务院办公厅公布的《国家行政机关公关处理办法》的规定，公文有12类13种，即：

（一）命令（令）

用于发布行政法规和重要规章，宣布施行重大强制性行政措施，任免、奖惩有关人员，撤销下级机关不适当的决定。

（二）议案

用于各级人民政府（或者法定人数的人民代表）按照法定程序向同级人民代表大会或人民代表大会常务委员会提请审议事项。

（三）决定

用于对重要事项或重大行动做出安排和决策。

（四）指示

用于对下级机关布置工作，阐明工作活动的指导原则。

（五）公告、通告

公告，用于向国内外宣布重要事项或者法定事项。通告，用于在一定范围内公布应当遵守或周知的事项。

（六）通知

用于传达上级机关的指示，发布规章，批转下级机关的公文，转发上级机关、同级机关和不相隶属机关的公文，传达要求下级机关办理和需要有关单位周知或共同执行的事项，任免和聘用干部。

（七）通报

用于表彰先进，批评错误，传达重要精神或交流重要情况。

（八）报告

用于向上级机关汇报工作，反映情况，提出建议，答复上级机关的询问和要求。

（九）请示

用于向上级机关请求指示和批准。

（十）批复

用于答复下级机关的请示事项。

（十一）函

用于相互商洽工作，询问和答复问题，向有关主管部门请求批准等。

（十二）会议纪要

用于记载和传达会议情况、主要精神和议定事项。

在公关活动中，除了命令（令）、公告等几种类型不用外，大部分都要运用到，其中请示、报告、函等，更是公关活动必须运用的文体。

三、公文的格式

公文格式是指公文写作必须遵守的规格和要求。它不仅是形式问题，而且还可以保证公文的合法性、准确性和完整性，加快公文的周转速度，提高工作效率。

公文的格式一般由标题、发文字号、主送机关、正文、附件、机关印章、成文时间、主题词、抄送机关等项构成。

（一）标题

由发文单位名称、事由、公文种类三部分组成。事由即公文主要内容的概括。一般在事由前加上"关于"两字，标题中一般不用标点符号。如"××电视机厂关于引进彩色电视机生产线的请示"。

（二）发文字号

包括单位代字、年份、序号。如"川卫〔1997〕10号"，其中"川卫"是四川省卫生厅的代字，"〔1997〕"是年份，"10"是发文的序号。发文字号排在标题和正文之间的右侧。

（三）主送机关

主送机关是公文的收发、承办机关，是公文发送的主要对象。应写在正文之前，标题下的左上方，顶格写。

（四）正文

正文是公文表述事项的主干部分，是公文的核心。内容要求明确、简要、直截了当。正文一般由开头、主体和结语三个部分组成，公文质量的好坏，能否达到书面联系的目的，主要看正文写得如何，所以要重视正文的写作。

（五）附件

附件是与主体相对而言的部分，是附属于正文的文字、图表等材料，一般作为公文的补充说明或参考材料；但也有的附件如转发、批转、颁发的文件，则是公文的主体，正文只是起按语或说明批准、发布的作用。公文如有附件，应当在正文之后、成文时间之前注明附件顺序和名称。

（六）印章

公文除会议纪要外,应当加盖印章。公文只有盖上印章才能代表一个单位行使一定的职权。印章应盖在公文末尾成文时间年、月、日的中间,必须端正、清楚。

(七)成文时间

成文时间写在正文右下方,要写明年、月、日的全称,以领导人签发的日期为准。

(八)主题词

主题词是指公文中最能概括其内容特征、说明问题、起关键作用的词,所以又称关键词。一篇公文所选的主题词约2~5个。主题词不一定表达一个完整的意思,不考虑语法上的结构,只将几个词组合在一起。主题词标于文件的落款之下、抄送栏之上,顶格写。

(九)抄送机关

抄送机关是指与所发公文内容有关的机关。公文抄送给这些机关的目的是使其了解有关事情或协助处理有关问题。抄送给上级机关的叫抄报,抄送给下级或平级机关的叫抄送。抄送机关名称标于主题词之下。

例文:

××公司
关于成立公共关系部的通知

司办〔1999〕5号

各科室、门市部:

为适应对内搞活、对外开发、发展横向经济联系的客观需要,经经理室研究决定成立公共关系部。该部属公司管理机构,基本职责是统一安排和组织公共关系工作,协调公司内外关系。公关部今后开展有关工作,请各单位予以协助支持。

××公司(盖章)
年 月 日

主题词:成立 公关部
抄 送:市财办公关部
　　　　××公司公关部

四、公文写作的要求

公文作为公关活动中的一种正式联系形式,具有一定的严肃性和规范性。在内容上,必须符合党和国家的方针、政策、法令,符合客观实际;结构上,要层次清楚,符合逻辑;文字上,要准确、朴实、简明,符合工作需要;体式上,要符合规范。为此,在撰写公文过程中必须注意以下要求:

(一)准确

包括准确地传达和体现党和国家的方针、政策、有关的法律、法令和上级的规定;准确使用文件名称,准确填写文件的组成部分;准确使用人名、地名、时间、数据、事例等材料;准确地掌握外交关系;准确引用文件,规范语言和进行判断推理。

(二)真实

公文中陈述情况、分析问题、提出意见,都要从实际出发,实事求是,以事实为依据。首先,公文叙述的内容要忠实于客观事实,确有其事,并且一是一,二是二,既不夸大,也不缩小。其次,在叙述情况时文字要朴实,不要用过多的形容词和修饰词,不要堆砌词藻。其三,对于为了说明问题而引用的估计数字,必须注明。其四,公文提出的措施必须切实可行，不能脱离实际、含糊笼统、空洞无物。

（三）简练

文字表达要观点明确，条理清楚，层次分明，言简意赅。这首先就要在选材上下功夫，只写与公文主题密切有关的事情；其次在叙事时着重讲事实，而不宜堆砌各种形容词；第三，提出意见和主张，也只选择主要的，理由要有说服力；第四，开头和结尾都要比较简短。开头、主体、结尾尽可能一气呵成。当然也要注意不能为追求简练而使公文内容叙述不清。

第二节 常用文书的写作方法

一、报告

（一）报告的性质及种类

报告是企业单位向上级机关汇报工作、反映情况、提出建议、答复询问时所写的一种上行公文。它是一种重要的呈报性文件，广泛地运用于各系统、各类型的公关部门中。社会组织及时上报情况，可以获得上级的指导、监督和支持，避免或减少公关失误。它还有助于领导机关了解下情、掌握动态、加强领导、调整决策。

报告的分类比较复杂。按照不同的标准，报告有很多种类。

按内容范围分，有综合性报告、专题性报告；按性质分，有工作报告、情况报告、报送报告和答复报告等；按时间分，有年度报告和月份报告等，还有定期和不定期报告。

（二）报告的写法

报告主要由标题、主送机关、正文和落款等组成。其标题一般由发文单位、事由和文种组成。主送机关是对所收报告负主要办理或答复责任的机关的通称，一般只应写一个主送机关。落款写发文单位和成文时间，加盖公章。

下面重点讲一下报告正文的写法。

报告的正文一般由开头、主体和结语三部分构成。

1. 开头

报告的开头要求简明扼要地说明为什么要写报告，即缘由或目的，然后用"现将主要情况报告如下"之类的过渡句过渡到主体。

2. 主体

这是正文的重心所在，写的是报告的具体内容，包括基本情况、主要经验体会、存在问题及今后意见，以横式结构为主。内容较多时，也可以事情的发展变化轨迹、认识处理问题的过程来写，用的则是纵式结构。

3. 结语

往往用"特此报告"、"以上报告当否，请指示"或"以上报告如无不妥，请批转有关单位执行"等语。有的报告也可不要结语。

报告在写作上有一个大体的章法，但类型不同，写法各异。写作时应掌握其大体章法，并能灵活应变。如工作报告的写法一般是：先简介基本工作情况，如开展工作的时间、背景和条件。再陈述主要成绩和经验体会，如工作的进展状况，所采取的措施，取得的成效。经验体会是对工作实践的理性认识，要从实际工作中概括出规律性的东西来，以便指导今后的工作。然后写存在问题和基本教训，指出工作中的缺点和不足，分析工作失误的原因和值得吸取的教训。最后写今后的打算。工作报告的内容必须以反映工作情况为主，对情况要有分析、有侧重，要说明看法和意见。一些报送报告，写法较简单，只说明随文上报什么材料或物品，请上级核查备案即可。答复上级查询的报告，应针对所查问题如实回复。

二、请示

（一）请示的性质

请示是用以向上级请求指示或批准有关事宜时使用的一种上行公文。

凡是企业无权解决或无力解决，需经上级决断的问题，都要向上级请示。所以，请示这一文种，在企业（或单位）中使用范围较广，使用频率较大。它虽然同报告一样都是上行公文，但报告是陈述情况的呈报性文件，请示却是请求指示的请求性文件，两者的性质截然不同，不能混为一谈。

（二）请示的写法

请示有请求指示、请求批准和请求批转三种，其写法基本一致，结构相对稳定。除正文外，其结构形式与报告相同，但要注意，标题中的文种"请示"不能写为"请示报告"或"报告"。

请示正文一般由请示原由、请示事项和请示结语三部分构成。

1. 请示原由

应简明扼要而充分地陈述请示的原因、依据，说明提出请示的必要性。这部分既要写得充分、具体、正确，又不能把问题涉及到的范围写得太广，时间追溯过长。

2. 请示事项

即请求上级给予指示、批复的具体事项，是请示正文的重点，请示事项要具体，所提建议和要求要切实可行，用语要明确肯定、谦恭得体。这部分写好了，才便于上级下决心批准。

3. 请示结语

常用"以上请示妥否，请批示"、"特此请示，请予以批复"、"请批准"或"以上意见如无不妥，请批转有关单位执行"等。

（三）写作请示应注意的问题

（1）内容应力求单一，"一事一文"，切忌把互不相关的几件事写在一件请示里。

（2）请示不宜多头主送，多级主送，一般只主送一个上级机关，以免因责任不明或互相推诿影响办文效率和质量。请示还不宜越级上报。

（3）请示与报告有明显区别：首先，两者的行文目的不同。请示旨在请求上级指示、批准，重在请示，报告旨在向上级汇报工作、反映情况、提出意见或答复询问，不要求上级回答，重在呈报。其次，两者的行文时间不同。请示必须在事前行文，待上级批复后才能着手办理。报告则一般在事后或事情进行过程中行文。再次，两者内容的侧重点不同。虽然都有情况陈述，但报告的侧重点是在汇报情况，不能夹带请示事项，请示中的情况陈述也只是作为请示的原因而出现，即使情况陈述所占的篇幅较大，其重点仍在请示事项上。最后，两者的受文机关处理方式不同。请示属于需要尽快办理的办件，收文机关必须及时批复。报告多属阅件，除需批转的建议报告外，收文机关对其他报告都可不作答复。

因此，绝不能把向上级请求批准、指示的请示写成报告，也不能写为请示报告。

例文：

××公司
关于增设地下消火栓
需要资金的请示

市商业局：

　　我公司××冷库，系地区分配性重点仓库。厂区建筑面积×万平方米（其中冷库×平方米），贮存物资×千吨，价值××万元。多年来厂区防火设施比较简陋，除简易防火工具外，仅有消火栓一处。因年久失修，水压低，达不到喷水灭火要求，一旦发生事故，后果不堪设想。虽然省、市消防部门多次检查，提出建议，但因缺少资金一直没有按重点库区建设。为确保库区安全生产，做到常备无患，急需修建地下消防栓四处，需资金×万元。

　　妥否，请审查批示。

　　附件：《施工计划及预算》一份。

××公司（盖章）
×年×月×日

三、书信

书信，是社会组织开展公共关系活动不可缺少的沟通媒介，是常用应用文之一，主要用于联系工作、商洽事务、交流感情。在公共关系活动中，常用的有介绍信、证明信、感谢信、申请书、便条等，它们的写法各不相同。下面着重介绍一些常用书信的写法及应注意的问题。

（一）介绍信

为了便于联系工作，社会组织在派出公关人员与公众接洽时，往往要出具介绍信。介绍信的内容，主要是对接洽人员的姓名、职务、联系事项等方面作出介绍和证明。如：

介 绍 信

××影剧院：

　　兹介绍我公司公关部×××同志前往贵院联系租用剧院事宜，请接洽。

　　此致

敬礼

××公司（盖章）
×年×月×日

（二）证明信

证明信是用于证明有关人员的身份、经历、学历或其他有关事宜的真实性而使用的一种专用书信。其格式及写法如下：

例文一：

证 明 信

××公司：

　　×××，男，籍贯：四川省成都市。1973年6月生。1992年9月入学，在我校中文系汉语言文学专业学习，1996年7月毕业，获文学学士学位。毕业证书号××××××××，学士学位证书号×××××。特此证明。

××××大学（盖章）
×年×月×日

例文二：

证　明

兹有我公司公关部经理×××同志，×性。前往××省歌舞团联系工作。希沿途有关单位协助解决食宿等问题。

×省×市××公司（盖章）

（有效期×天）　　　　　　　　　　　　　　　　　　　×年×月×日

（三）感谢信

感谢信一般是为了酬谢对方为自己做了好事，或者曾在工作、生活等方面给予了大力支持和帮助，使任务胜利完成而写的。

其写作格式如下：

1. 标题

通常写在第一行正中，用醒目的大字书写。

2. 正文

先顶格写称谓，再另起一行空两格写正文内容，最后是简短的结束语，表示敬意。正文要求言之有物，言简意明，重点突出，层次清晰。

3. 署名和日期

写在正文的右下方。

例文：

感　谢　信

××部队全体指战员：

六月，我公司××仓库遭到特大洪水袭击，××万元的商品面临被水淹没的危险。在此危急情况下，你们全体指战员连夜赶来，出动了汽车和各种艇船，连续三天三夜奋力抢险，减少了财产损失。退水之后，你们又帮助我们修理仓库，协助将商品重新入库，为我们能顺利组织商品流通，保证市场供应作出了重大贡献。我公司全体员工非常的感动。在这里，特向你们表示衷心的感谢！

我们一定在党的领导下，深化企业改革，扩大商品经营，用优质商品和优质服务，不断满足人们需要，以实际行动报答你们的关怀和支持。

此致

敬礼

××百货公司
×年×月×日

（四）邀请书

邀请书是公共关系活动中传递感情、通报事务的一种便捷的联络文书之一。其内容往往是通知对方在什么时间、地点，参加什么活动或集会。其格式如下：

邀　请　书

×××同志：

为了提高服务质量，改善经营管理，促进文明经商，谨定于×月×日×时在我公司二楼会议室召开顾客代表座谈会。特邀请您参加会议,并发表意见,望准时出席为盼。

此致

敬礼

××公司(盖章)
×月×日

在公共关系活动中,除了上面谈及的书信外,还有其他的常用书信,其格式和写法大同小异,这里就不再一一介绍了。不管是哪种类型的书信,写作时,都应注意态度要诚恳,避免消极词汇的出现,文笔要轻松、活泼,尽量融进和谐的微笑,这是公关书信写作的基本原则。

四、柬帖

在企业单位的公共关系活动中,经常需要以柬帖的形式解决本组织与公众之间的问题,密切相互之间的关系。柬帖是信件、名片、帖子等的统称,是常用文书的一种。它随着时代的变化而变化。掌握各种柬帖的写法是公关人员的重要素质要求之一。

(一)柬帖的特点

柬帖常通过简要文字表达出社会组织色彩较浓的感情和意向。其特点:

1. **文字简单清晰**

书写柬帖时务必清晰、规范、准确。绝对避免差错,尤其要反复核实时间、地点和人名,以免发生误会。

2. **语言庄重文雅**

柬帖的措辞应做到典雅、得体,语气应婉转,要表现出主人的热情与诚意,切忌怠慢。

3. **样式美观大方**

柬帖的样式设计要美观、悦目,色彩及美饰要把握总体格调,符合柬帖的内容。如结婚请柬需用红纸,再加花边;讣告则用白(黄)纸加黑边。

(二)几种主要柬帖举例

1. 请柬

茶 会 请 帖

兹定于2月5日下午2时,恭请宣传部副部长王培同志报告欧洲之行经过。敬备茶点,恭请光临。

××公司公关部
×年×月×日

2. 庆、吊

例文一:

恭　贺

珠海度假村:

吴兆声经理荣任全国保龄球协会副会长。

志喜

××敬贺
×年×月×日

例文二：

本公司前理事长赵国安先生于 1998 年 9 月 15 日逝世，享年 78 岁。谨于 9 月 20 日上午 9 时，在本公司礼堂举行公祭，随即发引安葬市公墓。

谨此
奉×××

环城企业股份有限公司
×年×月×日

3．通知书

例文一：

××开发公司迁移通告

本公司自 97 年元月起，迁至新址：××市××路×号×楼。办公电话：3874629。
特此通告

××开发公司
×年×月×日

例文二：

华业公司首次学术演讲

主讲人：××师范大学×××教授
主　题：公共关系学的历史发展
时　间：×年×月×日
地　点：本公司礼堂

欢迎参加，备有免费听讲证，请到公司公关部索取。

第三节　公　关　广　告

一、广告与公关广告的概念

（一）广告的概念

广告，汉语的字面意思为广而告之，广泛劝告，即向公众告知其事件。广告有广义与狭义之分。狭义广告又称商业广告，它是广告主有计划地通过媒体直接或间接地向所选定的消费者介绍自己所推销的商品或服务等的优点和特点，以唤起消费者注意，并引导消费者购买或接受服务的一种付费宣传或信息传播活动。广义的广告包括了商业广告和为达到某种宣传目的的非盈利性广告。在日常生活中，人们所称的广告往往指的是商业广告。

（二）公关广告的概念

公关广告是社会组织运用大众传播手段，把组织的有关信息有计划地传播给公众，以提高组织的知名度，树立组织良好形象为目的的一种重要宣传形式。它是以宣传的意图划分的广告门类之一，这类广告的目的，并不在于直接鼓动公众购买本组织的产品或接受服务，而是借助于公共关系手段唤起人们对本组织的注意、兴趣、信赖和好感，从而树立组织的形象，建立和改善组织与公众的关系，它是一种从根本上提高组织声誉的战略性广告。

（三）商业广告与公关广告的区别

公关广告是一种特殊形态的广告，它不仅是一种经济现象，而且是一种意识形态现象，与商业广告相比，具有不同特征：

1. 两者的性质、目的不同

商业广告的性质是直接盈利性的，它以推销产品为直接目的；而公关广告的性质是非直接盈利性的，其目的是为了提高组织的声誉和知名度。即如日本企业家土光敏夫所说："一般广告是推销商品，公关广告是推销公司。"

2. 两者的功能、内容不同

商业广告侧重于直接的促销，多以产品名称、商标、质量、功能、价格或服务的优点为宣传内容；而公关广告侧重于间接的促销，多以介绍组织的历史和发展、价值观、理想和目标等为宣传的内容。

3. 两者的宣传色彩、应用范围不同

商业广告的商业色彩较浓厚，仅仅用于工商等经济部门；而公关广告的商业色彩较淡，但其社会色彩较浓，因而不仅用于经济部门，也用于行政管理等部门。

二、公共关系广告的类型

公关广告的类型划分没有固定的模式，按照不同的实践需要以及主体的不同视角，可以作多种划分，下面介绍五种常用类型：

（一）企业广告

企业广告又称为介绍广告。它的内容是介绍企业方面的情况，以及解释企业生产或服务的目的意义，宣传企业的经营战略和价值观念等，它介绍的是企业本身，而不是产品或服务，因而在内容上不同于产品或服务项目介绍，其作用是加深公众对企业的了解，从而推销企业的良好形象。

（二）响应广告

响应广告是通过公众传播媒介，对政府的某项方针、政策、措施、号召或者当前社会生活中的某一重大主题和公众关注的焦点，以及对社会各界、甚至组织所发出的富于建设性的倡议，以组织名义予以响应而制作的广告，其目的是体现企业放眼全局的胸怀，关注现实参与社会事务、支持兄弟组织的善举，给公众留下企业积极关心社会、关心时势、关心公众的印象。

（三）创意广告

创意广告又叫倡议广告，是指以组织的名义率先发起组织某种富于新意的社会活动和文化活动，或提倡某种有开创意义的观念、举措的广告。它以有益于社会、有益于公众为目的，给人以某组织关心社会、关心公益、关心顾客的印象，从而对于树立和改变企业形象有所裨益。

（四）心象广告

心象广告也叫观念广告，它是塑造企业的性格，以建立某种观念为目的的广告。它既不直接宣传组织的产品，也不直接宣传组织的信誉，它是通过广告宣传，建立和改变社会公众对一个组织或对一种产品在心目中原有的地位，建立或改善一种消费意识，从而树立一种新的消费观念，这种新的消费观念的树立，可以使社会公众倾心于某个组织或某项产品。如日本松下公司提出的"饥饿精神"，意在居安思危，不断进取，唤起组织对未来的危机感，不断革新，不断开创新产品，开拓新领域。七喜汽水公司面对可口可乐和百事可乐的市场优势，开展了"七喜从来不含咖啡因，也永远不含咖啡因"的宣传攻势，利用人们畏惧咖啡因的心理，使更多的软饮料消费者建立了新的消费观念。

（五）影响广告

影响广告就是组织通过举办各种活动，显示组织的实力，以提高组织或产品的知名度、信誉度。如借落成、剪彩、庆典等大型活动来制造声势，或举办专题报告会、展览会、开展厂庆等活动来扩大影响。

三、公共关系广告技术

（一）确定公共关系广告的主题

公共关系广告主题是公共关系广告的灵魂，制作公关广告首先要根据公共关系广告的内容确定公共关系广告的主题，明确公共关系广告的目标。不同的公共关系广告内容，可以确定不同的主题和不同的目标。

（1）以建立企业信誉为主题的公共关系广告，目的在于追求企业的整体形象美，其手段可通过介绍企业的历史、现状、企业的经营方针及服务宗旨、企业的先进技术和设备等来达到目的。

（2）以公共服务为主题的公共关系广告，目的在于扩大企业的知名度，让社会公众相信企业的经济实力和高尚的社会风格，其手段可以通过为社会福利事业和社会公益事业的发展提供赞助来达到目的。

（3）以经济贡献为主题的公共关系广告，目的在于加深社会公众对目前经济情况的了解，指出企业对国家经济发展的贡献，详尽说明企业经济活动的成就及对国家和社会所作的贡献。

（4）以追求特殊事项为主题的公共关系广告，目的在于引起广大公众、社会有关人士和新闻机构的兴趣和好感，其手段可以通过为某社会组织或经济组织的新址落成典礼、开业典礼、周年庆典、庆功颁奖等提供赞助来加强与社会各界的友好往来。

（二）选择表达方式

公关广告的制作离不开文字表达，一则成功的广告，在很大程度上取决于广告文词的设计和撰写。广告文词的基本要求是思想性和艺术性的有机结合。国外有人概括出了广告文词写作的五法则：要有设想、要有冲击力、要有趣味、要有信息、要能引起冲动。

表达方式是指作者运用语言反映社会生活和思想感情，实现写作目的时所采用的各种具体的表现方式或手法。写任何文章，都要根据写作目的和客观对象本身特征的不同，从众多的体裁中选择最合适、最恰当的体裁，运用相应的表达方式，才能写出合乎规范的文章。

文章最常用的表达方式有叙述、描写、抒情、议论、说明。公关广告由于写作的目的、广告主题、商品或劳务特性、接受对象的不同，在表达方式上大体可分为叙述型、描写型、抒情型、议论型和说明型五种基本类型，这五种类型在一篇广告稿中可以单独使用，也可以交叉使用。

1. 叙述型

叙述型是指以叙述为主要表达方式而撰写的广告文稿，叙述型广告采用第一人称或第三人称，需要交待清楚人、事、时、地、因、果六个要素，主要回答"做什么"的问题，它用事实说话，强调"以事显理"，常用来记叙组织机构的发展历程等。例如：

四十年风雨兼程路，看轻骑马到成功时

一家公私合营的小厂，一步步发展成为一个现代化的国家特大型企业，中国轻骑集团走过了四十年的艰辛路程——

从生产出中国第一辆轻骑型摩托车，到拥有8个系列60多个品种，产品适应着国人步入现代富足生活的多样化需求；

从被确定为国家级企业技术中心，到获得ISO9001国际质量体系认证，昂首跨入世界级优质供应商的行列；

从建立遍布全国的3000多个销售网点和1000多个维修服务站，创造出国内同行业产销第一的骄人佳绩，到成立10多家国外销售公司，产品出口30多个国家和地区，综合实力进入世界同行业前五强……

今天的轻骑，已从艰苦磨练中探索出一条振兴中国民族企业的必由之路，不断借鉴和吸收世界最新技术潮流，积累丰富的专业化经验，以多样化的产品、出色的营销和完美的服务，确立在国内市场的主导地位；同时，勇敢地跨出国门，以世界级的优秀品质，参与国际竞争，创立中国的世界名牌，振兴中国的民族企业！

中国轻骑，任重而道远。

2. 描写型

描写型是指以描写为主要表达方式而撰写的广告，描写型广告主要是将组织机构的情况，即"什么样子"告诉给公众，多见于旅游、房地产、宾馆、娱乐、服饰、美容美发等组织机构，着重于描写美的自然环境，优越的设备条件、广泛的用途，完善的功能等。例如：

这是一片神奇的土地，一把龙王坐镇的石椅，一湖美人遗香的碧水，散发着远古不尽的幽思。这是一块祥瑞的土地，依山面海，龙脉绵延，白沙无垠，雪浪拥岸，如瑶池仙境，似世外桃源，尽洗人世间尘烟，这就是——香水湾。

3. 抒情型

抒情型是指以抒情为主要表达方式而撰写的广告，抒情型广告可以直接抒情，也可以间接抒情，既可以抒发对组织机构的赞美之情，也可以抒发对消费者的关心、爱护和感激之情。总之，用以情动人、以情感人的抒发来打动公众的心弦。例如：

不要乱抛垃圾，否则，你将不得不在垃圾堆里度假。

不要污染空气，否则，你将不得不戴着防毒面具上街。

不要污染水源，否则，一杯清洁水的价格将会令你咋舌。

不要滥捕杀野生动物，否则，将来孩子们只能在画册中看到它们。

——××化妆品公司环境保护公益系列广告

4. 议论型

议论型指以议论为主要表达方式而撰写的广告。议论型广告可采用第一人称或第三人称，一般包含有论点、论据、论证三个要素，主要回答"为什么"的问题。它以理服人，通过叙述事实，讲清道理，使公众对组织机构产生好感。例如：

我们也来塑造希望之星

青少年是我们的希望所在，未来的希望之星。贫穷地区的孩子渴望着上学读书的机会。"希

望工程"是春风,是雨露,它将滋润着幼苗的心田,激励他们茁壮成长。我们热烈响应政府的号召和兄弟企业的倡议,每年捐款×万元,以此为这项意义深远的工程添一块砖、一片瓦。

××市××工程公司

5. 说明型

说明型指以说明为主要表达方式而撰写的广告。说明型广告在各种广告媒体中广泛应用,它原原本本地介绍所宣传的组织机构"是什么",将客观性、科学性、知识性与实用性、指导性、可读性有机地结合在一起以达到教人以知、导人以用的目的。例如:

宏峰股票　黄金承诺

内蒙古宏峰实业股份有限公司是我国首家黄金企业上市公司,成立于1989年8月。公司现有股本5248万股,其中:国家股1432万股、法人股1996万股、社会个人股1820万。公司主营黄金、白银的采选、冶炼,同时兼营绵白糖、酒精、颗粒粕、饮料、漆包线、塑料电线等的生产销售。

本次公司1820万股社会个人股将于3月20日在深圳证券交易所挂牌交易。

内蒙古宏峰实业股份有限公司

电话:8882782

联系人:×××

地址:内蒙古赤峰市

邮编:024000

(三)公共关系媒体的选择

广告媒体选择得当,就会带来预期的效果,实现组织的目标,反之,则会收效不大。现代社会,可供选择的媒体越来越多,公共关系广告可用的媒体有报纸、杂志、广播、电视。不同的广告媒体具有不同的特点,起着不同的影响作用。公关广告选择传播媒体的主要依据有以下几个方面:

1. 广告媒体的性质

不同的广告媒体,有不同的性质和特点,组织机构应选择最合适的媒体:工商企业与服务行业,工业品与消费品,技术产品与一般性产品,应分别选用不同的广告媒体。如生产家用电器的企业可选择电视、报纸作为媒体,而生产企业用机电产品的企业最好选择专业性报刊杂志为媒体。

2. 广告内容的特性

公关广告所涉及到的具体内容各有特点,不同的公共关系广告内容适合于选取不同的广告媒体,以求其特定的公众听之、视之、读之。

3. 社会公众的习惯

不同的公共关系广告内容是针对不同的社会公众而制作的,而不同社会公众的工作、职业、兴趣、爱好、文化程度、知识结构及生活习惯等方面都各具特点,从而形成对媒体的接触习惯。在选择时应分析公众的不同习惯来选择他们所愿意接触的广告媒体。

4. 广告的目的要求

任何公关广告都有特定的目标要求,如新建企业举行开业典礼,广告目标是要扩大企业的知名度,则应选择时效性强、接触面广的地方报纸、电视、广播等媒体。

5. 组织机构自身的实力

无论是直接制作公关广告,还是参加社会赞助活动,都要支付一定的费用。采取何种形式,选择何种媒体,其费用支出额不尽一致。组织机构应量力而行,既不要不顾财力所限一味地扩大组织机构的知名度,也不应谨小慎微,丝毫不对社会活动作出贡献。

组织机构在实施公关广告时,可以使用一个广告媒体,也可以使用多个广告媒体。但不论如何选择媒体,都要依据媒体的量与质的价值与广告费之比,力争少花钱,多办事。

(四)公共关系广告效果的评价

广告效果的测定是整个公共关系广告宣传活动中不可缺少的部分。公共关系广告活动的全过程是一个复杂的信息反馈过程。成功的公共关系广告宣传工作不仅要有充分准备,制作出精彩的广告作品,而且要正确地分析测定广告宣传的效果,并将结论运用到今后的广告活动中去,以便进一步改进服务。

公关广告不是直接宣传产品,它对产品销售只起间接促进作用,因而检测公关广告效果的关键是看其传播效果如何。对于公关广告传播效果的调查、计算,是以公众对广告的收看、收听、认知、记忆等因素为依据的。其测定内容包括阅读率、视听率和记忆率等。

阅读率是指通过报刊、杂志及其各类印刷品来阅读广告的人数与这些刊物的发行量的比例。

$$阅读率 = \frac{阅读人数}{发行数量} \times 100\%$$

视听率是指通过电视、广播来收看收听广告的人数与电视机、收音机的社会拥有量之间的比例。

$$视听率 = \frac{收看者、收听者人数}{电视机、收音机拥有量} \times 100\%$$

记忆率是对公关广告的重点内容的记忆,如企业名称、商标厂牌、服务方式等。其中主要是对企业知名度与美誉度的测定,目的是为了掌握各类公众对企业公关广告印象的深刻程度。

$$记忆率 = \frac{记忆广告的人数}{阅读与视听广告的人数} \times 100\%$$

公关广告的传播效果的测定主要是通过公共关系调查来统计各类人数并进行计算的。采取的主要调查方法有:问卷调查、抽样调查、走访调查等。问卷调查是在一次或一定时期公共关系广告播发、刊登之后,印制调查表格,有的放矢地发给特定公众进行调查的方式。抽样调查是在公众中抽出一定的公众样本进行调查的方式。走访调查是企业事先确定好调查对象,并亲自去走访被访问者,以调查公关广告传播效果的一种方式。

无论通过何种调查形式,其调查内容一般都是指计算阅读率、视听率、记忆率等所需要的具体数据、指标。但调查内容的宽窄、深浅,要由企业对特定调查活动的需要而定,不同公关广告,不同企业可确定不同的调查深度。

第四节 公 关 简 报

一、简报的涵义

简报是机关、团体和企事业单位用来汇报工作、介绍情况、交流信息的一种文书,是最灵活、最常见、最普遍、使用范围最广泛的应用文体。

简报与公文都是单位内部的文件。两者的区别在于：公文是传达政令或协商工作的文件，它要求对方对公文中提出的问题作出处理和答复，因此，只能主送一个或几个有关单位。简报是用来反映情况、提供参考的，不是要求对方办理某件事，因此发送的范围也比较广。由此可见，凡是提供参考的材料，都适合于发简报。在当今的信息社会里，简报更起到了传播、交流、反馈信息的"轻骑兵"的作用。因此，简报也是公关活动中必不可少的工具。

公关简报是公关活动中使用的一种简报形式。一般是不定期出版的综合性文书，它要求用简明的词句及时把社会动态、信息、本企业的经营管理成果和经验反映出来。对公众来说，它是一个重要的信息源，起着传播信息，沟通情况的作用，有助于企业与公众之间的相互理解、支持与合作，也有助于提高企业知名度和美誉度。

二、简报的分类

简报有很多种类：

从刊出的时间分，有定期和不定期的。

从刊登的内容分，有专题性的、综合性的、动态性的、经验性的。

从性质分，有工作简报、会议简报、学习简报等。

从行文的关系分，有上行的、平行的或下行的。

从阅读范围分，有专供领导参考的，还有有关人员都可以看的。

下面，着重介绍几种常见的简报：

（一）工作简报

工作简报是社会组织用以反映工作进展情况的简报，它可以介绍工作经验、工作方法，也可以反映工作中出现的问题。一段时期的简报大致能反映该单位在这段时间的工作情况。

（二）动态简报

动态简报是用以及时、简明地反映不同群体的人在新形势下的各种思想动态及新近发生的重大事情、新近出现的新情况、新问题、新动向的动态性简报。

（三）会议简报

会议简报是用以反映重大会议进展情况的简报。它的时间性很强，其内容一般包括：会议的准备情况、会议的内容、领导的讲话、代表发言、会议决定等。它由会议的主办者在会议期间编写，会议结束即终止。

三、公关简报的制作

公关简报的写作有固定格式，它由报头、报核和报尾三部分组成。

（一）报头

报头一般是固定的，在首页上方，包括以下几项内容：

1. 简报名称

用大号字写在报头中间的位置。多数套红。名称包括制作简报的单位名称或简报性质和简报种类，如《上海工商局简报》、《×××动态》、《情况简报》。

2. 期数

写在简报名称下方，如（第××期）。

3. 编制单位

写在报头左下方,如××编印。

4. 发简报时间

写在报头的右下方,与编制单位平行处,写上印发日期,包括年、月、日。

(二) 报核

报核又称正文。它的上方有一条间隔横线与报头分开。它包括标题和正文两部分,正文又可分为开头、主体、结语。

1. 标题

简报标题在间隔线下居中位置,它要求简洁、醒目、能准确概括其内容,并有一定吸引力。

2. 开头

开头的写法同一般文章写法大体相同,应简明而漂亮地概括全文中心和主要事实,给读者一个总的印象。开头一般都要明确交待谁(某组织)干什么事情,结果怎样等几项内容。

3. 主体

即简报的主要部分。应紧承开头,对要反映的内容进行充实,使之更明确、具体,同时也要注意条分缕析,言简意赅,短小精悍。

4. 结语

简报结语,要深化主题,给读者留下深刻的印象。文字要简练有力、言止意尽,不可拖泥带水,有的简报也可没有结语。

(三) 报尾

正文之后是报尾,位于简报最后一页的末端处,它的上方有一条间隔横线与正文分开。包括发送范围和印发份数。

简报的编报方法可以不同,但必须把某一事件中的重要信息、公众的情绪、主要经验体会、存在的问题、采取的措施、下步安排等全面反映出来,以便领导及有关部门作参考。对某些重要问题或带倾向性的问题,公关简报可以加上按语,阐明意义,强调重要性,以唤起读者的注意。

简报的文面格式如下:

××××简报
第×期

××××编　　　　　　　　　　　　　　　　　　×年×月×日

标　题

正　文

报:×××
送:×××

　　　　　　　　　　　　　　　　　　　　　　　　共印:×份

例文：

味精质量竞争激烈

金牌优势趋于细微

1986年6月25日至28日，全国味精质量评比会在浙江省兰溪市举行。全国20个省、市、自治区推出的34个产品参加了评比，会议由轻工业部食品局发酵处处长王××主持，全国味精协作组领导，兰溪味精厂承办。

在评比会上，全国20名味精行业的专家，对参加评比的34种产品感观指标进行了认真评比，理化指标的检测正在进行之中。虽然评比结果尚未揭晓，但从总的情况来看，各厂产品之间的差距越来越小，有些部优产品的优势几乎不复存在，我厂的金牌优势也趋于细微。这说明各厂都在狠抓产品质量，以质量求生存，同时也告诫我厂，不能高枕无忧，要想保住金牌优势，必须在产品质量上再下功夫。

四、编写公关简报应注意的问题

编写公关简报，除一般文书写作要求外，根据简报的特点，其写作应注意的问题可以概括为四个方面：

（一）实

写作简报首先必须实事求是。简报所用的材料必须十分可靠，全面、真实地反映企业自身和外界的客观情况。那些不可靠的，道听途说的材料是不能上简报的。真实是简报的生命，一旦失去了真，也就失去了读者。

（二）新

公关简报的内容要富有新意，这是简报的价值所在。它要求反映新情况、新问题、新信息、新经验、新动向，能给人以启发和借鉴。刊登一般化的东西，过时的东西，就失去了简报"轻骑兵"的作用，这样的简报是没有生命力的。只有那些内容、观点具有新意的简报才能更好地推动工作向前发展。在这方面，简报和新闻有共同之处。

（三）快

公关简报有很强的时限性。它的任务是把情况迅速地及时地反映给上级部门和有关部门或传达到下层单位和有关人员，以便领导掌握新动态，不失时机地指导工作。因此公关简报能否发挥作用，快慢是个重要因素。如果编发简报迅速及时，事情发生之后马上予以反映，那么，就能使刚发生的问题得到有效控制，使新事物、新创造得到及时支持和扶植；如果时过境迁，问题发生了新的变化，才来过问，那会使工作处于被动局面，甚至会造成损失。

（四）简

简报应"简"，即简明、简洁、简要。简，不仅指文字要少，篇幅要短，更主要的是它追求用少量的文字概括出事实的精髓及意义，是在说明问题的前提下的简。因此，写作时，必须做到内容集中，篇幅简短。

第五节 新 闻 稿

一、新闻与公关新闻

（一）新闻

新闻就是新近发生事实的报道。具体地说，新闻是经大众传播媒介报道的新近或正在发生的有社会意义的事实的信息。它有广义与狭义之分。广义的新闻包括消息、通讯、特写、调查报告、评论等多种形式。狭义的新闻就单指消息。新闻具有事件真实、内容新颖、报道快捷、篇幅简短的特点。它能使读者迅速了解很多的新信息，是深受读者喜爱的一种文体。

（二）公关新闻

在公关活动中，为了使公众了解本组织的情况，而将本组织新近发生的为人们所关注的、具有积极意义的事件，通过报刊、广播、电视等公众传播媒介传播出去的报道，就是公关新闻。公关新闻有多种类型，本节所谈的主要是指消息。

公关新闻常被称为"不花钱的广告"。在今天这个科技发达、信息交流频繁的年代，报刊、广播和电视等传播工具的影响越来越广泛、深入，在公众中极具权威。因此，作为公关人员，第一要务是与新闻界保持最密切的联系。其次，是公关人员自己也应成为一名合格的"记者"，学会写作公关新闻。

二、公关新闻的特点

（一）时效性

新闻首先强调的是"新"，报道的事情必须是最新发生并引起公众兴趣和注意的。事件发生的时间与报道的时间间隔越短越有新闻价值。一般说来，新闻的时效性与新闻价值成正比。因此，切忌把新闻拖成旧闻。

（二）重要性

新闻传播的信息是新近发生的重要事实，与社会生活休戚相关，受到公众广泛的重视。那些对政治、经济、文化生活和切身利益产生一定影响的事件，与公众的利害关系较大，因此，新闻的重要性不仅在于新闻事实本身的重大，而且还在于它对社会公众产生的巨大影响上。

（三）公告性

新闻传播的国家法令、方针、政策及社会生活中的事件，都具有鲜明的公开性、公告性。虽然有些公告并非都是新闻，但新闻都具有公告性，能促进全社会的协调发展。

（四）真实性

新闻是客观事实的反映，真实是新闻的生命。新闻的本源是事实，事实是第一性的，新闻是第二性的；事实在先，新闻在后。只有真实的新闻才能取信于公众。公众人员向新闻媒介投递新闻稿件时，必须实事求是，尊重和坚持新闻的真实性。

（五）趣味性

新闻含有一定趣味性才能引起公众的兴趣和关注，使公众在愉悦中接收信息、增进知识、开拓眼界、陶冶性灵，提高欣赏水平和审美情趣。为了做到这一点，必须研究公众的思想、情感、情趣、愿望、爱好、求知欲和好奇心。为此可在新闻信息中增加轶闻趣事或背景材料等，增加新闻的可读性、趣味性，从而满足公众的知晓欲。

（六）经济合理性

对公关活动来说，新闻是大众传播的重要手段之一，必须合理利用。由于新闻是"第三人称"作的"事实的报道"，并经过新闻单位的筛选后才发出的，因而其心理效果比"第一人称"所作的广告要好，容易赢得公众的关注和信任。新闻又是"不花钱"的，在经济上也较为合算。可见，利用新闻传播进行公关活动是有必要的。

三、公关新闻的写作

（一）新闻稿的六要素

从新闻稿整体上看，要把一件事情讲清楚，就应交代清楚新闻事实发生的六要素，即：何时、何地、何人、何事、何因、如何进行。

新闻事实总是由具体的新闻要素组成，要清楚、完整地表现事实，就必须交待清楚新闻事实的几个基本要素，否则，难以把事情说清楚。

（二）新闻稿的结构

新闻稿的结构一般包括标题、导语、主体、结尾、背景五部分。

1. 标题

这是新闻主要内容和主要精神的体现和概括。标题是新闻的眼睛，新闻竞争的广告，是新闻发生作用的起点。公关人员拟写新闻稿时，要特别注意标题的制作。标题用词要字字推敲，最好能做到新奇、生动、形象、富有吸引力，才能吸引读者，抓住读者的心。

新闻标题的格式一般有三种：单行标题、双行标题、三行标题。

单行标题是用一句话表达文章主题。这是运用最多的标题形式。

双行标题有以下两种情况：

一是引题加正题，即在正标题上面还有标题，称为引题。引题的作用是交待背景、点明意义、烘托气氛，用以引出正题。如：

技术改造显神威（引题）

煤气公司扩容成功（正题）

二是正题加副题，即正题之下还有标题，称为副题。副题和正题搭配使用，是对正题的补充或说明。如：

煤气公司扩容成功（正题）

市郊可增5万用户（副题）

三行标题是正题、引题、副题都有的标题形式，常用于表现重大事实。如：

中国内地城市第一个（引题）

上海电话号码升8位（正题）

预计本世纪末达到户均一台（副题）

标题制作是一门艺术，优秀的新闻标题凝聚着作者的心血和智慧，应当能"以一目尽传精神"。

2. 导语

导语即新闻的开始语，是新闻的触角，在消息中占有特殊的地位。它一般只用一两句话，或一两个自然段，将最新鲜、重要、精彩、生动的部分放在最前面，说明主题，给人以概括的印象，引起公众迅速掌握新闻的兴趣，吸引读者看下去。导语的好坏，直接关系新闻的传播效果。

导语的写法不拘一格，常用的有以下几种形式：

概括式。即简明、概括地叙述报道的重要事实，多用于主题严肃、内容复杂的经验性和动态性消息的写作。如，新华社一则消息报道，其导语是：

中国女子排球队今晚在这里进行的第23届奥运会女排决赛中，以3∶0战胜美国队，夺得奥运会冠军，并赢得了世界女排大赛"三连冠"的荣誉。在世界排坛史上写下了光辉的一页。

描述式。即抓住新闻事实的特色,或者某一个有意义的侧面,或者事件发展的高潮,作简洁朴素的有特色的描写,向读者提供一个生动具体的形象。如:

一架飞机从宽仅14.62m的巴黎市中心的凯旋门洞中飞过,谁会相信?法国人不相信,巴黎市警察局也不相信,但这是真的。

议论式。即用议论的方式,或评论,或引用文件、诗文的字句,或新闻人物的谈话,或先将问题提出来,或先将结论告诉读者,揭示被报道的事物的意义。如:

前些天,北京的街头巷尾都在议论,酱油为啥突然脱销?我们走访了北京第二大酱油厂——宣武区酱油厂。

这样来写导语,能使读者心里藏着一个问号,更有针对性地去阅读全文。

实际上,许多导语并不是单纯以某一种形式构成,而是几种形式的结合。导语的写作,以抓住新闻事实的重要特点为上策,把最有价值、最有新意的精华给读者,突出新闻价值,引人入胜。

3. 主体

主体在导语之后,是全文的重点与关键。它须对导语中披露的新闻要素作进一步解释、补充和叙述,交待事实的来龙去脉,回答导语中提出的问题。撰写主体时应注意:一要紧扣导语。主体的写作要根据导语所铺设的轨迹,沿着导语所定下的基调,围绕消息主题的需要来写。二要内容充实。要善于抓住事实中最典型材料,如事实、数据、细节等来证实导语中的观点。三要语言生动。以生动朴素的叙述语言为主,辅以描写、抒情和议论等表达方式,使内容有起伏、有波澜,吸引读者看完。四要层次清楚。采用纵向深入还是横向并列,要根据内容精心设计,使层次分明、布局合理。

4. 结尾

这是全篇结束语。这部分可有可无。如果主体部分已将事实一一交代清楚了,就不要硬性添上一条"尾巴"。有的消息需要结尾部分时,也要力求简短,发人深思。好的结尾,能增加新闻主题的深度和信息量,提高新闻的可读性。消息结尾有多种写法,有对消息内容进行小结的,有进一步启迪人们思考的,有发出号召的,有指明事件发展趋势的等等,并无统一规定,需视内容需要而定。

5. 背景

背景材料是消息中帮助读者理解报道事实的历史、环境和原因的材料。新闻事件的发生总有纵向背景,即事件发生的来龙去脉;横向背景,即事件与周围事物的相互关系。这些情况要向读者作适当的交代,以充实内容,更好地突出主题。消息的背景材料,一般无固定位置,不独立成段,多穿插在主体、导语或结尾中。运用背景材料,一定要简明扼要,牢牢地扣住主题,不能节外生枝,更不能喧宾夺主。

在消息的撰写中,还要合理地选择消息的结构布局,也就是材料组合、段落安排的总体设计。常见的消息结构形式有下列三种:

"倒金字塔式"结构。这是最常用的结构形式。一般而言,消息往往是把最重要的事实放在最前面,然后再将次要的和无关紧要的事实材料一一置后展开,这尤如重心在上的"倒金字塔"。这种结构有两个优点,首先是符合读者的阅读心理,能将他最想知道的事实先告诉他;其次是便于编辑排版,倘版面不够,只要由下往上倒着删就行,基本无损消息的大意。如：

××公司与曼宁集团签订
合作开发海洛油田协议

××公司昨日与曼宁集团签订了一项总投资为一亿美元的共同开发海洛油田的协议。

××公司总经理科什曼博士与曼宁集团代表杰克逊公爵在协议上签了字。

双方关于共同开发海洛油田的谈判是在19××年年初开始的。

在过去的五年中，××公司和曼宁集团曾有过两项较为成功的合作，一项是天然气开发项目，另一项是石油联运项目。

双方谈判人员出席了昨晚在太平洋饭店举行的签字仪式。

"并列式"结构，也叫"双塔式"结构。有一些新闻报道的内容是几个方面处在并列位置，例如报道某领导人在报告中阐明几个问题，或某单位取得的几点经验，在写作时往往把这些内容并列在一起，不能说前面的重要，后面的次要，他们处在同等的地位。当然有的可在导语中按照"倒金字塔式"的要求写出整段新闻中最重要、最新鲜的内容。这种结构的新闻具有具体、细致、完整的特点，可以容纳较多的新闻事实和内容。

"金字塔式"结构。即完全按事件发生的时间顺序来写报道，使读者对消息的全过程有完整的了解。有人形象地把这种形式戏称为："编年体"式的"新闻故事"。

（三）撰写新闻稿应注意的事项

新闻稿的写作除要体现新闻稿的基本特点、符合基本要求外，还要注意以下问题：

（1）不是所有具有新闻价值的事件都可以成为公关新闻。公关新闻必须以树立本组织的良好形象为出发点。

公关人员要善于从本组织的各项工作中，挖掘它的积极意义和新闻价值，然后报道出去。对一个企业来说，具有新闻价值的事很多，如：企业开张、产品生产、新技术的运用、经济效益的重大突破及社会公益活动的参与和赞助、国际性经济开发与合作、重要人物的参观和活动、企业或员工受到有关部门的赞誉和嘉奖等等。

（2）公关新闻写作要特别注重背景材料的运用。

在新闻写作中运用背景材料是一种普遍现象，它是新闻事实的历史和环境，可以进一步揭示新闻事实的原因与结果、现象与本质、全局与局部、偶然与必然等关系。公关新闻比一般新闻更重视背景材料的运用，这是因为：

1）公关新闻所反映的事件往往和社会各界有着千丝万缕的联系，反映这种关系，才能使公众看清事件的意义。

2）公关新闻反映的本组织的业务和技术对局外人来说，往往是生疏的，运用背景材料能使公众熟悉和了解事件的原委。

3）公关部门所发出的一般是新闻通用稿，多提供背景材料，便于各类新闻单位自由选择。

四、公关新闻的制造

（一）制造新闻的概念

制造新闻，也称策划新闻，是公关组织在真实的、不损害公众利益的前提下，有计划的组织、举办具有新闻价值的活动、事件，吸引新闻界和公众的注意和兴趣，争取报道的机会，并使本组织成为新闻报道中的主角，以达到提高组织社会知名度的目的。

(二) 制造新闻的要求

(1) 制造新闻要迎合新闻界及公众的兴趣，富有戏剧性。

要成功地制造新闻，吸引新闻界人士的注意和兴趣，就要使新闻事件更富有戏剧性，更具有新、奇、特的特点。这就要求公关人员独具匠心，富于创造。

(2) 制造的新闻要能提高组织的社会知名度。

自然发生的新闻有的是对组织声誉有利的，也有些是对组织不利的。一般而言，自然发生的新闻不是人为可以控制的。而经过公关人员精心、周密策划的新闻活动、事件则是以提高组织的声誉为中心而展开。因此，制造一个新闻事件，就要求能大大提高组织的知名度。

(3) 制造的新闻不是自发的或偶然发生的，而是要经过公关人员精心策划、安排的。

一般而言，新闻传播的主动权不在公关人员方面，而在新闻界人士方面。要使制造出来的新闻事件引起新闻界人士的兴趣，必须精心策划，具有较高新闻价值，才有可能得到报道，产生良好的社会效果，提高组织的知名度。

(三) 如何制造新闻

(1) 就公众在这段时期内最关注的话题制造新闻。

公众在不同时期，关注的话题也不同。例如，在奥运会召开的前后一段时期内，公众最关注的是有关奥运会的话题，这时就是经营业务与体育有关的企业制造新闻的最好时机。

(2) 抓住"新、奇、特"去制造新闻。

一个事件的新闻价值在于新、奇、特，在企业形象竞争中，要成功地制造新闻，必须独出心裁，使公关活动具备"新、奇、特"条件。例如：

日本一家酒店位于市郊的偏僻山坡，尽管景色优美，住客还是很少。后来想出了一个主意，即在酒店的小山坡上划出一块地专供旅客种纪念树，如结婚纪念树、生日纪念树等，既美化了酒店环境，又吸引了大批游客。由于这一活动构思奇特，富于情趣，吸引了大批记者前去采访，该酒店成功的制造了一则动人的新闻。

(3) 要事先制造一些热烈气氛，使公众有些心理准备，强化制造新闻的效果。

如日本西铁成手表进军澳大利亚时，通过空投手表制造新闻，事先则用新闻媒介广为宣传，从而为事件增加了热烈气氛，成为人们的热门话题。

(4) 制造新闻时，要有意识地把企业和某些权威人士或社会名流联系在一起。

如企业举办周年庆典活动，就可邀请几位知名人士为企业的周年纪念剪彩，并同时举办记者招待会，历陈企业自创立以来所取得的成就，为社会所作的贡献，那么这个周年庆典就可能成为新闻。

(5) 与传统的盛大节日或纪念日联系在一起，制造有关企业的新闻。

(6) 注意与报社、电台、电视台等新闻机构联合举办各种活动，就能增加企业在新闻媒介中出现的机会。

新闻机构自己参加的活动，很可能会在自己的新闻媒介上进行报道，企业因此也有机会传播自己的形象，提高知名度和美誉度。

制造新闻的技巧多种多样，它有很多诀窍，上面介绍的只是其中几种。公共关系人员要成功的制造新闻必须通过大量的实践去总结经验，使自己的技巧日趋完美。

复习思考题

1. 公文写作的要求是什么?
2. 报告和请示的区别是什么?
3. 公关广告和商业广告的区别是什么?
4. 公关广告选择媒体的依据是什么?
5. 编写公关简报应注意哪些问题?
6. 公关新闻有何特点?
7. 公关组织如何制造新闻?

第八章 公共关系专题活动

企业为在公众中树立良好的形象,必然借助各种媒体宣传自己。为了强化宣传效果,达到预期的公共关系目标,公共关系人员需要进行各种各样的公共关系专题活动。公共关系专题活动与一般活动比较,有两个显著特点:一是活动内容围绕一个明确的主题,而不能有几个主题;另一个特点是活动方式要新颖,只有新颖才能吸引人,才能产生诱惑力,引起公众注意,吸引公众参加,扩大企业影响力。专题活动要做到特别,活动的内容和形式就要做到新、奇。所以组织专题活动,构思要新颖,内容要集中,方式要奇特。

第一节 展 览 会

展览会是通过实物、文字、图表来展现企业成果的公共关系传播方式。展览会通过现场展示和示范来传达信息,具有很强的说服力,比单纯的文字和口头宣传效果好得多,这种公共关系活动越来越被人们所重视。

一、展览会的特点

1. 展览会是复合性的传播方式

展览会综合运用各种媒体进行传播,通过文字、图片、宣传手册、实物、讲解、广播、录音、幻灯、录像、电影、布局、操作表演、参与活动、小型研讨会等各种形式,使其影响面较大,传播沟通效果更理想。

2. 展览会是一种直观、形象、生动的传播方式

由于展览会综合运用了各种传播媒介,使展览传播十分生动、直观;加之展览会本身一般均具有较丰富的知识性、趣味性,有利于吸引各类不同的公众,达到广泛传播的目的。

3. 展览会能起到双向沟通的效果

展览会使参展单位让公众了解自己的同时,也了解了公众。通过讲解人员、咨询服务台、洽谈活动、意见簿、征询卡、有奖竞猜等形式,企业可以及时地了解公众对自己的意见和反映,还可根据公众反馈回来的信息进一步改进工作。

4. 展览会容易引起新闻传播界的注意

展览会是一种大型公关活动,容易成为舆论热点,成为新闻媒体报道的对象。

二、展览会的类型

展览会的形式多种多样,根据展览会的内容、地点、性质等不同,大致可分为以下几种类型:

1. 按展览会的内容分,有综合性展览与专题性展览

综合性展览全面介绍一个地区或一个企业的情况,要求内容全面,有一定的概括性和完整性,既要突出重点,又要照顾一般,使观众看完展览后留下一个完整的印象。如"××市成立三十五周年成就展览"、"世界园艺博览会云南馆"等。专题性展览就是围绕一个

主题或一个专业举办的展览，要求主题鲜明，内容集中，如"苎却砚展览"等。

2. 按举办的地点分，有室内展览和露天展览

一般来讲，大多数的展览都在室内举行，即在商店内设展柜、厂区内设展室或在专门的展览馆举行，这样显得较为庄重、严肃，且不受天气变化影响，举办时间可以较长，缺点是布展复杂，费用较高。露天展览最大的特点是布展较简便，费用低，但易受天气影响。

3. 按展览的性质分，有贸易展览和宣传展览

贸易展览主要展示实物，其目的在于宣传企业的产品，促进产品的销售。宣传展览主要是通过展出有关企业的图片资料、图表、文字、实物等来宣传企业的业绩，阐明企业的价值观，以扩大影响。

除此之外，根据展览会的规模层次还可分为大型综合展览会、小型展览会和微型展览会；根据展览会的国别可分为国内展览和国际展览。

三、展览会的组织

由于展览会涉及的部门较多，影响较大，要使展览会达到预期的目的，必须认真做好下面的工作：

1. 明确展览会的目的和主题

首先必须确定为什么要参加展览会？确定了参展的目的、主题后，注意围绕目的搜集实物、组织有关材料、选择展品，精心布置陈列室，编好解说词。

2. 制定展览计划，组建展览班子

采取具体的展览措施，根据展览的目的和类型，组建相应的专门班子，策划展览风格，反复论证，分析和比较，确定展览计划，再由专业人员，如摄影、美工、装饰人员进行布局安排。

3. 编制财务预算

举办展览会都会需要一定的经费，视展览会的规模、地点、级别不同，费用差别会很大，因此编制财务预算，是展览会成功与否的基本保证。展览会经费一般包含场地费、交际费、宣传广告费、交通运输费、保险费等。在编制经费预算时，应留有余地，一般为5%～15%，以备不时之需。

4. 选择展览地点

展览地点，宜选择醒目、吸引人、交通方便、设施齐全的位置，要注意环境与主题的协调。为方便参观者，要考虑在入口处设置咨询台和签到处，并贴出展览会平面图，作为参观者指南；在出口地方可设置留言簿，收集观众意见反映。

5. 培训工作人员

展览会工作人员的素质和展览技能的掌握，对整个展览效果有重要影响。对展览会的工作人员如讲解员、接待员、服务员进行良好的公共关系训练是十分必要的。培训的主要内容包括：一要懂得专业知识，能提供专业咨询服务；二要善于交际，能自然地与各界人员交谈，懂礼节；三要仪表端庄。

6. 做好新闻宣传工作

展览会中会产生很多具有新闻价值的信息，需要写成新闻稿通过新闻媒介发表，扩大展览会的影响范围和效果，因此有必要成立专门的机构负责新闻宣传。新闻宣传机构，一方面要准备好展览会必需的辅助宣传材料，如文字资料、幻灯、录像等；另一方面要加强

与新闻界的广泛联系，时时注重公关宣传，要善于挖掘展览会中有新闻价值的材料，捕捉有新闻价值的信息，策划相应的公关宣传活动，扩大展览会的影响范围和效果。

7. 制作纪念品

要根据展览会的主题，制作展览会徽记和纪念品，以联络感情，加深印象。

第二节 赞助社会活动

赞助是企业无偿提供资金或物质支持某一项公益事业，以提升企业形象的一种社会活动。赞助活动能体现企业强烈的社会责任感，同时显示企业的实力。通过赞助活动，向社会证明，企业不仅为国家、社会作贡献，而且在重视维护企业利益的同时，积极承担必要的社会义务，使企业与有社会意义的事业的发展同步出名，从而树立起良好的企业形象。

一、赞助活动的目的

1. 树立企业关心社会公益事业的良好形象

通过赞助活动，使公众认识到企业不只是一味追求自己的经济利益，而且是能承担一定社会责任和义务的社会组织，从而获得良好的组织形象。例如，日本富士胶片公司通过竞争成为1990年北京亚运会的赞助商，免费提供全部胶卷和洗印、冲扩设备，通过这一"感情投资"和"形象投资"，再由新闻媒体一传播，极大提高了该公司的知名度，也赢得了广大公众的信任。

2. 承担必要的社会责任

企业不仅要重视经济效益，同时也要注重社会效益，承担一些必要的非经济性的社会责任。通过赞助社会活动，能有效地体现企业的社会责任感。

3. 使公众对企业产生信任感

赞助活动表明企业对社会具有高度的责任感，而且是公众直接受惠，能够比较有效地建立和培养企业与有关组织和公众的信任感。如赞助教育事业、文化体育事业、节日庆典等，通过这些活动，可以获得广大公众的普遍好感，争取公众的理解和支持。

二、赞助活动的类型

赞助活动内容广泛，类型众多，大体上可分为以下几种类型：

1. 赞助体育活动

这是常见的赞助活动，大多以赞助大型比赛为主。随着生活水平和素质的提高，人们对体育活动的兴趣越来越浓厚。赞助这类活动，可增强对公众施加影响的深度和广度。

2. 赞助文化活动

这是一种较常见的赞助形式。主要有音乐会、电视节目、文艺演出、书画展览、知识竞赛等。通过赞助这类文化活动，能够极大地吸引公众的注意力，从而大大提高企业社会效益和知名度。

3. 赞助科学、教育事业

我国确立了"科教兴国"战略，全社会都十分关注科学教育事业。企业赞助教育事业，既有利于教育事业的发展，又能树立企业尊重知识、重视人才的现代企业形象。赞助教育事业的主要形式有捐助希望工程、学校教学设施、提供奖学金、赞助某项科研项目等。

4. 赞助社会福利事业

这项赞助活动的对象主要涉及社会救济对象和确有困难的公众,如残疾人、军烈属、儿童福利以及各种自然灾害中受困的人士。它是企业和社区、政府协调关系的重要途径,也是企业向社会表明其承担的社会义务和责任,博得公众好感的较好形式。

三、实行赞助的原则

企业搞赞助活动,一般应遵循下面的一些原则:

1. 社会效益原则

企业应认真研究赞助对象和项目的社会意义与社会影响,分析赞助的社会效果。所赞助的对象必须有可靠及良好的社会信誉,所赞助的项目必须有积极的社会意义和广泛的社会影响。因此,一般要优先对各种慈善事业、社会福利事业、公共设施、教育事业的赞助,这样既表明企业对社会的责任和义务,又较容易获得社会各界的普遍好感。

2. 传播效果原则

赞助是一种直接提供钱或物质来进行的传播活动,因此必须讲究传播效果。所赞助的项目应该有利于扩大企业的知名度和美誉度。同时应分析公众及新闻界对有关赞助项目的关注程度,明确对于赞助所给予的传播补偿方式和条件等。

3. 经济适当原则

参与赞助活动必须考虑所赞助项目的费用是否合理、适当,本企业能否承受。如果因经济力量有限,可明确表示"赞助不起"而予以拒绝,切不可打肿脸充胖子。

四、赞助活动的程序

1. 明确目的,制定周密的计划

首先要明确通过赞助活动,是以建立组织与公众和谐、信任的公共关系为目的。然后对赞助的对象进行充分调查、分析,制定出周密的赞助计划,包括赞助的范围、费用、形式、时机选择等。

2. 审核评定

由企业领导或专门的赞助领导小组对将要赞助的项目和实施方案进行评价,确定其可行性、必要性等。

3. 组织实施

由企业一把手或项目负责人,带领公共关系人员具体实施。在赞助项目实施过程中,要有效地运用各种传播媒介,尽可能借赞助活动扩大社会影响。

4. 总结

当赞助活动结束后,要对整个活动情况进行总结分析,对赞助的效果进行评定,多方面了解反馈信息,总结经验教训,写出报告,以指导今后的赞助工作。

第三节 庆典活动

庆典活动是通过专门的策划、设计和组织的主题性传播活动。庆典活动是企业公共关系部门专题活动的重要内容,包括开业仪式、周年庆典、节日庆典、颁奖大会及重大活动的开幕式、闭幕式、签字仪式等。庆典活动形式生动、气氛热烈,能够比较有效地吸引公众、影响舆论、制造声势、树立形象。

一、庆典活动的作用

1. 对内增强凝聚力,对外树立企业良好形象

典礼是较为隆重的庆典活动。是企业经常进行的一种与同业人员和社会公众沟通的形式,公共关系工作主要面对的是开业典礼、纪念典礼、奠基典礼和节日庆典等。企业开业仪式是企业走向社会公众的第一步,给公众留下的第一印象,是企业能否顺利发展的重要前提。其他各种典礼活动,都能很好地吸引公众的注意力,使企业形象扎根于公众心中。

2. 扩大企业影响

各类庆典活动,企业公共关系人员可选择不同的主题,或邀请知名人士参加,或组织能让新闻媒体感兴趣的活动,或邀请记者参加,通过媒体的报道,广泛宣传企业,扩大企业的影响和知名度。

二、庆典活动的组织

庆典活动对企业的影响很大,活动涉及的范围较广,人员较多。因此,庆典活动要进行精心策划,组织精干的活动筹备班子,人员分工明确,密切合作,才能组织好一次庆典活动。

组织庆典活动一般要做好下面一些工作:

1. 拟定出席典礼的宾客名单

邀请的宾客一般应包括:政府有关部门的负责人、知名人士、新闻记者、公众代表、员工代表等,应注意各方面的关系协调,不可有疏漏。请柬应提前送到被邀请者手中。

2. 拟定典礼程序

典礼一般程序为迎接、签到、佩花、宣布典礼开始、宣读重要来宾名单、致辞、剪彩、摄影等。典礼应按事先拟好的议程有序进行。

3. 确定致贺词、答词人员名单

选择有丰富经验的公关人员担任主持人;为本单位负责人写好答词。答词和贺词都应言简意赅,力求达到增进了解、沟通感情的目的。

4. 确定剪彩、揭牌嘉宾

剪彩、揭牌嘉宾一般应由地位、职务、声望较高的知名人士担任。当然,这类典礼活动多了,就不很引人注目了。相反,在有功人士、社会公众中选择剪彩、揭牌嘉宾,常会引起更多人的注意,效果会更好。

5. 组织接待小组

签到、接待、放鞭炮、摄影、录像、音响等工作都应指定专人负责,这些人员须在典礼开始前到位,确保典礼的顺利进行。

6. 安排一定的娱乐节目

为了烘托气氛,可根据典礼的特点,安排锣鼓、鞭炮烟花、时装表演或小型歌舞节目,以增加典礼的喜庆气氛。

7. 安排典礼后的一些活动

典礼仪式结束后,可组织来宾参观本企业的生产、经营、服务、设备及商品陈列间。这是让上级、同行和公众了解企业并为企业商品作广告的大好机会;也可通过交流,征求来宾对企业或商品的意见、建议。

三、竞赛活动

竞赛是最能引起公众兴趣的一种公共关系活动。企业公关部门通过策划各种竞赛来吸引公众参与各种活动，使企业与公众之间加强联系、加深了解，树立企业热心公益事业的良好形象。

企业组织竞赛活动，往往以企业或某品牌命名，如以企业名称组织足球、篮球队参加体育竞赛，全国足球甲Ａ联赛的十四支队伍都以企业命名；其他如知识竞赛、征文比赛、摄影比赛、演讲比赛、歌咏比赛、绘画比赛、智力竞赛等，也都冠以企业或品牌名，企业则出资购买奖品奖励获奖者，吸引许多公众踊跃参加，既丰富了公众的精神文化生活，增长了知识，企业又提高了知名度。

四、联谊活动

联谊是本企业与另一组织或几个组织建立友好关系，联合进行一些公益或娱乐活动。联谊的目的在于丰富职工的业余生活或进行定向宣传。随着经济的发展，企业的经济联谊活动日益增多，这种活动对于增进企业间的感情，加强企业间的经济联系及信息沟通与经济合作，都有积极的促进作用。

企业公关人员在策划联谊活动的内容和方式时，应注意以下几个问题：

1. 联谊对象的选择

选择联谊对象，要注意双方联谊的条件与差异。可选择同行业的竞争对手，也可是不同行业的企业，还可以是自己的客户等。

2. 考虑联谊活动的社会意义

企业应多搞一些既能达到联谊目的，又能向社会做些有益的事情的活动。通过联谊活动，既增强企业内部活力和凝聚力，又要使活动真正为职工所喜好并有利于职工身心健康，同时也给社会公众传达企业尊重职工、爱护职工的良好的形象信息。

3. 把握联谊的原则

（1）真诚原则。联谊活动要以诚相待，不能损人利己。

（2）互利原则。联谊活动应使双方共同受益，同时不能损害社会利益。

第四节　记者招待会

记者招待会，又称新闻发布会，是组织机构与新闻界建立和保持联系的一种比较正式的形式。通过有目的、有计划的举行记者招待会，达到沟通信息、联络感情、传播企业形象的目的。

一、明确举行记者招待会的理由和时机

1. 举行记者招待会的理由

企业公关人员要能把握要发布的消息是否具备专门召集记者前来采访并予以报道的价值。

2. 确定举行记者招待会的时机

对企业而言，记者招待会是为公布与解释企业的重大新闻而举办的。通常新产品、新技术的成功开发，经营方针的改变，企业合并，企业首脑的更换，新企业开张和老企业扩建，企业创立周年纪念，重大人身伤亡事故等重大事件的发生，都可以举行记者招待会。

二、记者招待会的准备工作

1. 确定会议主题和准备好会议所需资料

召开记者招待会，首先要有明确的主题，宣布什么消息，如何解释，以及解释的范围、程度和手法等，主持人必须心中有数。同时要根据招待会的主题准备好各种材料、照片、图片等，以使记者对发布的消息有详细的了解。

2. 挑选发言人或主持人

举行记者招待会，主持人一般应由具有专业水平的公关人员担任，发言人原则上应安排董事长或总经理等主要负责人，因为只有他们才能准确回答有关企业的经营方针、计划、生产等方面的问题。发言人应头脑机敏、口齿清楚、具有较强的应变能力和口头表达能力。

3. 准备主要发言和报道提纲

要由专门班子负责起草主要发言，应全面搜集资料，写出通俗、准确、生动有趣的书面发言稿。此外，应事先归纳出宣传内容要点和背景，整理成详细的资料，即报道提纲。材料要编写得系统、简洁，要注意用事实说话，注意不要出现错别字和脱页现象。

4. 确定邀请记者的范围

根据会议的主题需要，确定邀请哪些相关的新闻机构出席。当确定了邀请的范围之后，应提前发出请柬。请柬上除应注明举行招待会的日期、地点、机构名称及联系电话外，还应将举行招待会的目的说清楚，并最好列举在会上发言的主要人物。

新闻机构有时对是否派出记者不做答复，但招待会必须准备充足的座位，并设置签名册，让到会的记者签名。

5. 确定招待会举行的时间和地点

选择时间要注意避开重大社会活动和节假日，因为记者招待会是集中利用众多传播媒介的公关传播方式，往往邀请不同新闻机构的许多记者参加，涉及面广。因此，一定要确定一个对大家都方便的时间，保证会议人员届时都能参加，以取得招待会预期的效果。地点的选择主要是以交通、通讯方便，生活住宿方便，服务设施齐备为原则。

6. 会场布置

要选择一个良好的环境，室内气温、灯光要适度。要安排较舒适的座椅和足够的位子，环境安静，无外界干扰；准备充分的扩音设备和电影、幻灯放映设备，保证不出故障。小型记者招待会可选择圆形会议桌，以使气氛和谐，主宾平等。大型记者招待会则常采用主宾相对而坐的形式。

三、记者招待会中的注意事项

1. 对待记者的态度

接待中必须注意对记者的态度，因为接待记者的质量如何往往关系到企业发布消息的成败。与新闻界的合作应本着真诚、主动的态度，既不虚夸企业业绩，傲视记者，也不能没有原则一味迁就，不论记者提出的要求是否合理，一概应承。

2. 会议程序安排要具体、紧凑

公共关系人员应充分发挥组织和协调的作用，主持人应掌握会议进程，避免离题太远，注意掌握问题的范围；主持人要尊重别人的发言和提问，不要出现任何身体动作、表情或语言阻止别人发言；一般把招待会的时间控制在两小时内比较合适。

主持人要引导记者踊跃提问，万一出现冷场，可让记者与公关人员作自我介绍，以融洽气氛，增进了解，提高大家的发言兴趣和积极性。主持人讲话要典雅而有力量，风趣而不失庄重。

当招待会气氛活跃，记者踊跃提问时，应注意倾听记者的提问和全部意见，主持人应维持好会场秩序，控制发言时间，引导记者深入提问，避免重复提问和回答。如果预定的时间已到，但记者们的提问还未完，应在散会前决定下次招待会的时间、地点。

四、记者招待会后的工作

（1）及时整理会议纪要，确定发布的会议纪要信息准确无误，如有疏漏，应设法补救。

（2）搜集与会记者在各媒体上发表的文章、及现场制作的录音、录像带资料，将其进行分类整理、分析，检查是否有由于自己的失误而造成的谬误，如有，应立即设法补救。

（3）对照与会记者名单，以便查询到会记者在媒体上发布信息的情况，供在以后记者招待会选择邀请记者的名单时作参考。

（4）会议结束后，可安排小型宴会，在轻松愉快的气氛中，进一步解决招待会上亟待解决的问题，还可安排必要的参观，倾听与会者的反应，同时加深记者们对企业的印象。

第五节 宴　　请

宴请是最常见的公共关系活动之一。企业为庆祝周年纪念、表彰、庆功、重要人物或团体来访、答谢合作者的支持等，公关部门常要举办宴会。宴请是公共关系部门的一种必要的日常业务活动。它有利于沟通感情，交流信息，增进友谊，加深了解。我国具有热情好客、重视礼节的传统，通过宴请还有利于交易的成功。

宴会一般由企业主要领导或公关部门经理主持，称为宴会主人。被邀请出席宴会的客人有一个或几个主要的客人，称为宴会主宾。由相应职务的人作陪，使宴会显得庄重和谐，气氛融洽、愉快。

一般来讲，宴请可分为正式宴请和非正式宴请。两者的区别是，正式宴请一般是重大庆典、重要人物来访时举行，比较注重形式，讲究较高的规格、庄重的仪式、较大的规模；非正式宴请常是接待一般的客人，比较随意，不太注重形式。这里主要介绍正式宴请。

一、宴请的组织

宴请作为企业公共关系的一种手段和形式，有联络相关公众，加深友谊，巩固和提升企业形象的作用。因此，宴会组织得成功与否至关重要。

1. 确定宴请的目的、对象和形式

一般情况，公关部门主持的宴会都是为了某一特定事件而举行的，如庆祝、答谢等。为此，宴会程序的安排要紧紧围绕活动内容，讲话、祝福也要围绕这一目的而进行。

邀请与活动有关的代表人物参加，既不要有遗漏，也不要为讲排场、规模，胡乱拉客凑数。参加宴会的人应当职位相当，使到会的人产生一定的满足感，职位高低不相称往往使人感到不愉快、不自在，应尽量避免。

宴会采取何种形式一般应参照当地的习惯做法，采用相应的规格。一般来说，正式、规格高、人数少的场合以宴会为宜，人数多的场合则以冷餐或酒会较合适。

2. 确定宴请的时间和地点

除了特定的庆典纪念日、大型活动和贵宾来访外，宴请时间的安排最好事先征求一下主宾的意见，看看何时对他较合适，然后作出决定。一般应以主宾能前来为原则。

宴请地点的选择应考虑规格的高低、形式、供应特色、环境情调以及费用等问题。一般比较隆重的宴会最好选择熟悉的地点，同时要考虑交通是否便利，环境是否安静，供应和服务能否满足要求，是否有利于计划顺利实施。

3. 发出邀请

各种宴请一般事先都应向有关部门和个人发出正式邀请，即使已经作了口头邀请，过后也应补送请柬，以表示重视、尊重对方，也是对被邀请人起提醒备忘作用。

请柬应提前一两周发出，有些情况下（如外国贵宾）须提前一个月至数月发出。有些需要安排座位、发言等项目的活动，事先要掌握较确切的来宾人数，往往要求被邀请者答复能否出席，对此可在请柬上注明"请答复"。如只需不出席者答复，可注明"因故不能出席请答复"，并写上电话号码。也可在请柬发出后用电话询问能否出席。

请柬内容包括活动形式，举行宴会的时间、地点，主人的姓名（或单位名称）。请柬行文不用标点符号，所提到的人名、单位名和节目与活动名称都用全称。中文请柬行文中不提被邀请人姓名（其姓名写在请柬信封上），主人姓名放在落款处。

4. 拟订菜谱

宴请酒菜应在规定的预算标准内安排。选菜一般不应以主人的爱好为准，主要以来宾的口味、年龄、习惯、健康、禁忌为参考。菜品要精，有特色，忌铺张浪费，否则，会引起客人的反感。

5. 桌次、席位的安排

（1）桌次安排。宴会桌次的安排，按国际上的习惯，以主桌位置为准，桌次高低以离主桌远近而定，一般遵循"右高左低"的惯例。桌数多时，要摆桌次牌，主桌一般安排在靠近正对大门的室壁，也有安排在宴会厅中央的。一般有如图 8-1 所示的几种排法：

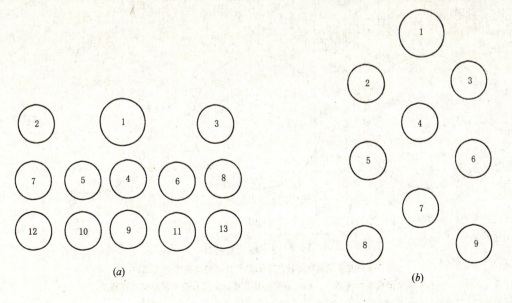

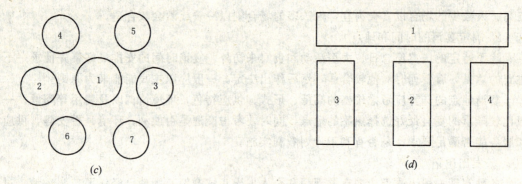

图 8-1 桌次的摆法
(a) 圆桌的桌次摆法之一；(b) 圆桌的桌次摆法之二；
(c) 圆桌的桌次摆法之三；(d) 方桌的桌次摆法

（2）席位安排。我国习惯于按职务高低排列。通常男女主人对坐于餐桌尽端，地位高的女士位于男主人右边，次之位于左边。同样，地位高的男宾坐在女主人右侧，次者位于女主人左边。也有以男主人为准的，男主宾在男主人右手方，女主宾在女主人右手方，座次的排法，如图 8-2 所示。

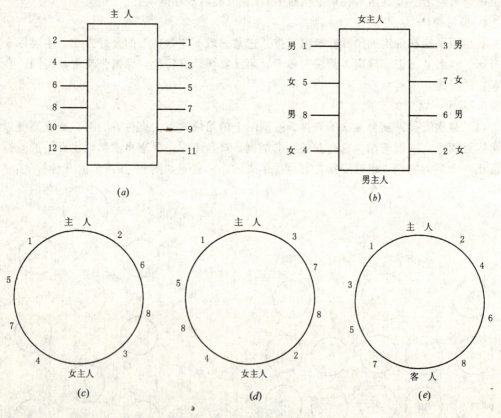

图 8-2 座次的排法
(a) 方桌的座次排法之一；(b) 方桌的座次排法之二；
(c) 圆桌的座次排法之一；(d) 圆桌的座次排法之二；(e) 圆桌的座次排法之三

安排客人时，我国习惯男女分座，而国际上的习惯则是男女夹坐，应视不同的客人，尊重客人不同的习俗，安排客人席位时要考虑到坐在邻近的人是否相互认识，有无共同的语言。凡彼此相识的人应尽量安排在一起，不认识的要做介绍。如果是正式宴会，要提前安排席位，并在座位前摆放名签，同时要安排服务人员引导。

6. 安排工作人员

举办正式宴会，需要公关人员进行接待、引导，宴会厅服务人员上菜、斟酒，良好的服务会增加宴会的友好气氛。

二、宴会的程序

宾客入场时，主人一般应在门口迎接客人，互相握手致意后，由工作人员将客人引到休息厅或宴会厅，随即沏茶、递烟。

主宾到达后，由主人陪同进入宴会厅，引请客人入座。照顾客人入座时，服务员要用双手和右脚尖将椅子稍微撤后，然后向前徐徐轻推，使客人安稳落座。全体人员落座后，主人发表简短的祝辞，然后主人提议，共同举杯，宴会即开始。

进餐过程中气氛是否亲切、热烈，主要靠主人的掌握，公关人员在这里的作用尤其重要。主人和公关人员应不断提出共同感兴趣的话题。一般情况下工作问题比较严肃，不宜在宴会上谈，餐桌上比较容易展开的话题有当前气候、市场信息、文体短讯、社会新闻等。公关人员要注意大多数人的兴趣，引导更多的人参与谈话，特别要关心一些说话较少，甚至没有说话的客人，根据对其背景的了解设法提一些他们熟悉并感兴趣的话题，有时可以故意出些题目问他们，让他们有机会开口。在交谈过程中，公关人员可随时再对客人作一些补充介绍。

利用敬酒机会来消除冷落、沉默的气氛，使气氛更趋于热烈。为此，公关人员应有一定酒量，至少不要滴酒不沾。敬酒应以比较年长、尊贵的来宾为对象。但要注意敬酒不要过量，以免出现难堪场面。

吃完水果，主人和主宾起身离座时，服务人员应为其拉开坐椅，让出通道，将客人送出宴会厅，宴会即告结束。

三、出席宴请的常识

(1) 收到宴会请柬，或邀请人特别要求复回帖的柬贴，就应即刻回函或用电话回复。赴宴应准时，既不要迟到也不要过于提前，一般提前3～5分钟即可。

(2) 赴宴时要注意仪容整洁、穿戴大方。一般在正式场合，以穿深色的西装较合适。

(3) 谈话。进餐前应自由地与其他客人交谈，不要静座。交谈对象可以多一些，不要只找认识的人谈话，要多交朋友。

(4) 入席。进入宴会厅，要听从主人安排入座，如果是较大型的宴会，应先了解自己的桌次和座位，入座时应注意座位卡是否写着自己的名字，不要随意乱座，特别是熟人较多时，更应注意，否则会给主人带来诸多不便。就座后不要左顾右盼，或摆弄碗、筷、刀叉等餐具。当服务员送上第一条湿毛巾时，应接过来用于擦手，餐巾应铺在双膝上，不能挂在胸前，临时离席应把餐巾放在椅子上，如果放在桌子上则表明你不想吃了。餐巾只可擦嘴，不可擦汗。

(5) 进餐、上菜后，不要在主人未招呼前就自己挟菜。每次挟菜时数量不要过多，如遇本人不能吃的菜肴，当主人挟菜时不要拒绝；吃东西要文雅，应闭嘴轻嚼，不要发出声响；喝汤要使用汤匙，不要直接用碗喝；鱼刺、骨头等不要直接吐在桌面上，应用筷子（或手）取出放在碟子里。

（6）祝酒。祝酒一般由主人和主宾先碰杯，再由主人和其他人一一碰杯。碰杯时，杯沿比对方杯沿略低，以示尊敬。人多的时候，也可以同时举杯示意，不必一个一个碰。注意在碰杯时不要交叉碰。在主人或主宾致祝酒辞时，应暂停进餐，停止交谈，注意倾听，更不要借此机会吸烟。

（7）退席。如果有事要早退，应事先向主人说明，到时再告别，悄悄离去，不必惊动太多客人，影响宴会气氛。宴会结束后，应向主人致谢。

第六节 其他专题活动

公共关系的专题活动除了前面介绍的几种外，还有其他一些专题活动，如开放参观、座谈会、股东年会、签字仪式等，也都是很重要的公关活动。

一、开放参观

开放参观就是组织把公众请进单位进行实地参观和考察。组织可以利用这个机会向公众宣传自己，让公众了解企业的设施、生产经营活动和各项成果，以便寻求和得到公众的理解和支持。对于现代企业来说，及时、清楚地让广大公众了解企业内部的具体情况，对于赢得市场和公众都显得十分重要。

（一）开放参观的意义

通过开放参观，可以消除企业与公众的隔阂和误解，促进公众对企业的了解，建立相互信任与支持的关系。当企业在生产经营过程中，遇到公众误解导致形象危机而需要澄清事实、重拾声望时，邀请公众来企业目睹其生产经营状况及其所采取的改进措施，能收到意想不到的效果。例如，1986年4月，正当中国政府开始在广东大亚湾建造核电站时，苏联切尔诺贝利核电站突然爆炸，造成了核污染，许多人形成了核恐惧。面对核电站事故，香港各界、各阶层人士纷纷慷慨陈词，反对在与港毗邻的大亚湾建核电站。一时间，满城风雨，舆论哗然。但这场风雨很快便趋于平息。原因是中国政府采取了极明智的办法，新华社香港分社组织香港民选代表参观大亚湾核电站，现场介绍安全情况和核能知识。参观团回港不几天，社会上便风平浪静了。这表明，开放参观有时是开释人们对某一事件或某一机构产生怀疑或误解的最有效的办法，事实上，一切企业或机构开放参观都是为了表明它的存在是有利于社会、有利于每个人的。

（二）开放参观的接待对象

对外开放参观的接待对象有：员工家属及社区居民，这些人都想了解本地企业的工作情况，生产、运行情况，环境是否舒适，是否对居住地区及亲人造成危害。通过参观，有利于家属对亲人工作的支持，提高社区居民对企业的信任度。

另一类接待的对象是与企业有特殊关系的组织和个人，如政府机关、金融机构、生产协作者、新闻团体、记者、各界名流、环保组织、保险公司、投资者等。邀请这类团体参观对企业是十分重要的。

（三）开放参观的注意事项

1. 主题明确

每次对外开放参观都应有一个明确的主题,即为何要举办,欲取得何种效果,达到什么目的等。对企业来说,较常用的主题是:强调企业对公众和社会的责任,突出企业现代化和高科技性。

2. 准备要细致、周密

准备工作应充分考虑参观对象及参观过程的细节,这是对外开放参观能否达到预期效果的关键。在确定企业对外开放后,应成立一个专门的活动筹备小组,也可由公关部牵头,成员包括企业高层管理人员、公关人员、行政部门和安全保卫部门等,如果主题是企业的产品或服务,还应有营销部门的人员参加。从实物准备、资料准备,如参观线路图、幻灯、录像设备等,到参观线路的划分以及接待,都要做好细致、周密的安排。否则就会起到事倍功半,甚至适得其反的作用。

确定开放参观的时间也很重要。一般都安排在一些特殊的日子,如周年纪念、企业开业、逢年过节等,以强化参观者的印象。

3. 宣传要充分

一旦确定开放时间,应立即通过电视、广播、报刊等媒体做宣传性广告,或书面、电话通知有关人员,以便引起尽可能多的公众的注意和兴趣。对前来参观的公众,要把与主题相关的内容都展示出来,并对有些环节和问题做专题讲解。如果有条件,还应将企业有关情况编制成具有纪念意义和保存价值的册子,如挂历、台历、书签、记事簿等,赠与参观者,能收到较好效果。

二、座谈会

座谈会是企业为解决各种具体问题而召开的小型会议。如为了调查市场情况、征求意见或交流思想等,经常要召开座谈会。座谈会通过与某些特定公众面对面的交流,企业可直接听到公众对自己的各种反映和评价,这样既有利于企业及时调整自己的行为,也有助于公众更好地了解企业内部的具体情况,增强对企业的理解和支持。

座谈会的特点:内容集中具体,不求面面俱到,一般不做正式报告或总结。有特定的人员参加,或领导、或群众代表、或学术权威、或知名人士等。座谈会由会议发起单位或会议主持人提出问题,与会人员进行讨论研究并形成倾向性意见。

(一) 座谈会的议题

座谈会与其他公关专题活动一样,每一次都有相应的主题,即会议议题。企业座谈会常见的议题有:

(1) 以产品为主线的企业活动及其成效。包括产品的设计、制造、销售、售后服务等。

(2) 企业形象如何。包括企业领导人形象,企业的内部管理、人际关系等。

(3) 企业的社会责任感。包括遵守法律和社会道德,尊重顾客和其他各界人士,支持和赞助社会公益事业的情况。

(4) 企业的发展机会和潜在风险。如企业的生存、发展环境,竞争力及发展方向的选择等。

(二) 座谈会召开的注意事项

座谈会简单易行,便于组织。因此,座谈会是一种被广泛采用的行之有效的公共关系活动方式,要使座谈会开得成功,应注意以下事项:

1. 准备工作

主要包括议题的选择,程序的安排及地点的确定,同时应准备适当纪念品、茶点、水果等。

2. 确定参加座谈会的对象

邀请对象应有广泛的代表性。顾客、中间商、行政官员等那些与自身发展有关的人员,都可列为被邀请对象。人员的多少可视座谈的内容而定,如果深入探讨某些问题,人员宜少而精。如果要进行某些问题的调查,征求意见或为纪念某事而召集的座谈会,人员可多一些。要注意参加人员的行业、地区、年龄、性别的合理搭配,以确保信息的全面性和可靠性。

3. 提前通知被邀请人员

把座谈会召开的主要议题、时间、地点提前通知被邀请人员,以便能做适当的准备并准时参加。在座谈会上应力求使每一个与会者都各抒己见,畅所欲言。主持人应尊重每一个人,对提出的各种意见、建议应表示欢迎并做好记录。

4. 座谈会后的工作

对座谈会上提出的意见、建议或批评,会后应仔细分析研究,将其分类、归纳整理后提交有关部门。应把各部门落实后的情况向提建议者及时通报,以便保持和进一步激发他们对企业的关心和支持。

三、股东年会

股东年会是企业联系股东的一种重要方式,它为企业代理人提供了一次述职的特别机会。股东年会一年举行一次。股东年会是企业最为重要的会议之一,开得成功与否,关系到企业能否继续得到股东们的支持和投资,企业是否顺利发展、兴旺发达,因此开好股东年会意义重大。

(一)股东年会的主要议题

股东年会上,主要研究以下一些问题:

(1)总结过去的年度企业发展状况,对照原先的规划和方针,作出与客观情况相符的全面评价。

(2)审核过去整个年度中企业的财政收支报表及相关状况,制定盈利分配或亏损赔偿的具体措施,公布财政结算方案。

(3)对企业职工过去一年的工作进行评价。

(4)制定下一年度的发展规划和经营方针,明确新的经营目标和盈利指标,激励企业职工的奋斗信心和进取精神,力求新的年度取得新的成功。

(二)股东年会的举行

股东年会对企业来说关系重大。因此,年会的组织者,必须全面、慎重的安排、策划,确保年会的成功举行。

1. 选择年会召开的时间

一般情况下,年会自然是一年一度,且往往在年终或年初举行。但现在看来,对企业而言"年终"和"年初"是一个模糊的概念。究竟在什么时候举行年会才合适,实际上不可一概而论。假如企业本年度的经营状况并不理想,则年会的举行不宜在年终,而应放到年初,这样既可以对过去的年度进行总结、回顾,还可以对下一年度更加充满信心;假如企业正发生重大事故或其他不利事件,正值年会应该举行之际,也应设法予以延期或作相应更改，以免目标过大或形成一定程度的反宣传。当然，如果正值某种喜庆事物出现，适当地利用其影响及氛围配合年会的举行，也是很有成效的。

2. 地点的选择

股东年会的地点，应选择交通便利的地方，会议场所应尽可能高雅、舒适、设备齐全。为了表示企业的热情、诚恳，应做好必要的迎送接待准备。

3. 年会形式的安排

年会形式的安排是年会筹备的一大艺术。过于严肃，会产生一种沉闷的气氛；过于活泼，又会使人认为是某种随便的座谈形式，以致于达不到预期的效果。因此，年会一方面要体现它的"工作性质"，因为它是整个年度工作的一部分，另一方面又要体现它的"总结"特征，反映会议气氛轻松的一面。考虑到年会的目的及效果，年会形式的安排，可依据下面的几条原则：

（1）亦庄亦谐，庄谐兼顾。既有郑重其事的气氛，又有轻松活泼的情调。

（2）体现年会的凝聚作用。除特邀来宾之外，每一个员工和股东都应身临会场，以便引发全体企业职工的主人翁意识。

（3）适当安排一些活动。由于股东年会对企业来讲十分重要，可与轻松的气氛相配合，适当安排一些文娱节目、便宴或聚餐，这些形式既不奢侈，也不显得吝啬，既可得到员工及外界的理解与支持，也不会使股东们有怨言。

（三）股东年会内容的确定

1. 要有内容详实、兼顾全面的年度报告。

年度报告是股东年会的一个主体。因此，各方面都对其极为关注，企业所准备的年度报告应该内容详实。它既反映本年度的主要成绩及基本工作，又能激励各部门人员对未来的竞争意识和奋斗意识。年度报告还要兼顾方方面面，不论其贡献大小，工作多少，只要为企业发展出了一份力的，都应提及，不可遗漏某一方面。

2. 文字资料

在股东年会召开前，应提前准备好一些简明扼要的文字资料，分发给与会者，将有助于与会者对情况的了解并引发与会者对年会的关注热情。会场内应为股东备好文具、稿纸，对每位股东的发言必须认真记录下来，尽快整理成文件，力争在会议结束前发给每位股东。如有未到会的股东还必须将会议文件和会议内容简报分送到他们手中。

（四）股东年会的注意事项

1. 通知

股东年会召开前，应向股东们提前发出通知书或邀请书。一般应在会议召开前两周送到股东们的手中，使股东们做好准备和时间安排。通知书或邀请书的印制应精致，语辞郑重。还要将有关会议召开的消息，预先在一些传播媒介上公告，以示郑重。

2. 设施及议程

年会召开所需的一切设施应事先准备好，如扩音、录音设备、录像设备、会标等。不能因为某件事安排不当，而引起股东们的不满，使企业能力受到股东们的怀疑。

会议前要拟定出会议议程。议程要充实、简短，避免形式化，不能开成"报告会"，要让股东们充分感受到自己是企业的一分子，并有行使权和表决权。

会议主持人要善于把握会议程序和时间，使会议进行得井井有条又庄重有序。

3. 邀请新闻记者

股东年会应重视新闻传播媒介的作用，要邀请新闻机构的记者参加（至少要邀请到当地各主要新闻机构的记者）。要安排好记者席，并派专人接待，为记者提供各种情况和材料，使记者的采访报道更加方便。

四、参观游览

参观游览是公共关系专题活动之一，组织这项活动时，应注意以下事项：

（一）选择项目

组织客人参观游览，应根据客人的来源、目的、性质、兴趣意愿和本身实际的可能，选择具有针对性的、与季节相适应的项目。如本地的风景名胜、具有浓郁文化特色的古迹、展览、厂房、厂区等。如果选择的项目不符合客人的要求，或客人指定的项目不能满足时，应向客人作出适当的解释，以免产生误会。

（二）安排布置和陪同

公关人员应安排布置好参观游览的顺序，预计持续时间，有无介绍等事项，并向接待单位作详细的交待。一般内宾参观，根据需要和可能派人员陪同；而外宾参观游览时，则应有身份相当的人员陪同，接待单位也要有相应的人员出面。同时，根据实际情况，安排好解说员、导游等。

（三）介绍情况和摄影

作情况介绍时，要实事求是，不能浮夸，数字材料要确切。一般可为客人准备书面材料，保密部分不应介绍。实地参观的项目，应边看边介绍，既让客人有感性认识，又能对项目有更深的了解。陪同人员要作好充分准备，估计客人可能提出的问题，并作出解释。一般允许参观的地方都可以摄影，如不准摄影的地方，应事先树立标志，以免出现尴尬。

（四）食宿交通

组织参观游览要考虑到客人的用餐时间、地点。如果是郊游，应为客人准备好食品、饮料、餐具、用具等，假如需要休息或住宿，应提前预订好房间。参观游览的出发时间、集合地点、车辆标志等，要事先告诉全体人员，并注意检查车辆和交通安全。

复 习 思 考 题

1. 公关专题活动与其他活动比较有哪些特点？
2. 举办展览会应注意些什么问题？
3. 企业如何确定赞助项目？
4. 组织庆典活动有何重要作用？
5. 你认为召开一个记者招待会应做哪些准备工作？
6. 对外开放参观活动应注意些什么？
7. 座谈会应做哪些准备工作？
8. 实地组织一次宴请活动。

第九章 公共关系与CI

公共关系的目的是树立企业良好的形象和美好的信誉。现代社会由于科技突飞猛进的发展，商品或服务的质量、生产技术或服务技术、价格等都有"趋同"现象，企业在众多竞争者中如何独树一帜，在消费者心中怎样留下深刻的印象，如何扩大市场占有率，这就是现代的竞争——企业形象的竞争。企业形象是企业生存与发展的关键。树立企业在公众心目中良好的形象，主要的手段就是推行CI战略。

第一节 CI 概 述

一、CI的基本涵义

CI是英文Corporate Identity的缩写，也有的认为是Corporate Identity System（简称CIS）的缩写，最初叫"企业识别"或"企业识别系统"，现在大多数人都称CI为"企业形象识别系统"。对CI的涵义目前国内外尚无统一的认识。

目前国内对CI的认识，大致有这样几种看法：一种认为CI就是体现企业自身个性特征的一种标识系统，突出表达企业的形象；一种认为CI是一种经营战略，通过塑造形象来产生最佳的经营环境。我们认为CI是企业的一种系统的经营战略，通过独特的企业形象标识设计，表达企业的经营理念，求得企业内外公众的认同，从而达到企业发展的目标。

随着世界许多国家特别是发达资本主义国家CI的推行，CI的内涵也在不断的变化、发展，其内容也更加丰富、完善，但其本质是始终不变的。CI的实质就是通过塑造企业形象，解决企业所面临的问题，创造新的形象。

二、CI的特点

CI是一种系统的经营战略。企业理念和行为规程是经过大量调查研究制定出来的，是指导企业运行的行为准则，是一种企业的发展规则。这种准则与规则，通过一系列的行为操作，广泛向社会公众传达，以便在公众中建立良好的形象。

CI就是企业形象设计。这种形象设计把概念性的抽象理念落实为具体的可视化符号，明确表达出企业经营战略的取向。CI包括了企业理念、行为识别、视觉形象、企业经营发展战略、形象传播战略、企业品牌战略等企业完整的形象。

CI的特点主要表现在以下几个方面：

1. CI是企业形象的综合表现

企业形象是公众对企业的整合看法与评价，它包括组织机构的合理性、组织效率、管理水平、技术水平、人员素质、服务与产品质量、价值观念等内容。因此这种形象依然是企业形象的系统性表现。这种形象系统，包括企业外部形象系统与企业内部形象系统；表层形象系统与深层形象系统；实值形象系统与虚值形象系统。企业通过导入CI，使其形象具有统一性、同一性与一致性。

2. CI是企业发展的长期战略

企业为树立自己良好的社会形象,以导入CI为契机,进行长期规划,系统管理。企业一旦成功导入CI,就成为企业经营管理的全部依据,企业的每一位职员,都必须严格遵守,始终贯彻;而且导入CI后,企业就不能根据个人意志或经营环境随意改变,必须在一个较长时期内保持不变;企业导入CI后,就成为企业未来决策的依据,将对未来若干年企业的经营起指导作用。

3. CI具有民族性

虽然CI起源于美国,但各国的企业在导入CI时,都不是一成不变的照搬照抄,而是根据各自的民族特色,将民族理念、民族文化、民族风俗融入其中,创建了各国不同特色的CI。日本是引入CI较早的国家,而日本的CI与美国的CI则有很大的不同。日本的CI专家山田理英认为,美国的CI是以标准字和商标作为沟通企业理念与企业文化的工具,日本的CI是一种明确地认识企业理念与企业文化的活动。这种对CI的不同认识,具有鲜明的民族性。

4. CI具有特质性

CI的特质性表现为CI设计的个性化,是CI的重要特征之一。企业导入CI的目的就是要在社会公众中树立自身独特的形象,以便于社会公众从繁杂的企业信息中识别出来,形成一种牢固的记忆。这种独特的形象就是企业的个性,不论是企业员工、风格、产品或服务、管理制度、经营战略,还是企业名称、品牌、标识、广告等,都要具有特色,体现企业鲜明的个性。

三、CI的构成要素及其关系

一般认为,传统的CI由三个要素构成,即企业理念识别系统(Mind Identity,简称MI)、行为识别系统(Behavior Identity,简称BI)、视觉识别系统(Visual Identity,简称VI)。随着CI的普及,CI的内涵也在不断延伸,现在许多专家学者认为CI不仅包涵上述三个系统,而且包涵了企业经营发展战略、形象策动传播战略、企业品牌战略及企业全方位的形象设计,如服务形象设计、员工形象设计、职业道德形象设计、环境形象设计等。但不论CI的内容如何变化,三大系统始终是最基本的。三大系统各自都有其内容,相互联系,相互制约,相互作用,缺一不可,如图9-1所示。

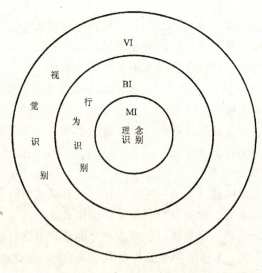

图9-1 CI三要素的关系

(一) CI 的构成要素

1. 企业理念识别系统（MI）

企业理念识别是指企业经营哲学、价值观念、企业精神、企业文化、经营规范等的定位。企业理念是 CI 系统的基础，也是企业的灵魂。

企业经营理念是企业经营哲学及经营信念的综合反映，企业长期战略目标需要围绕经营理念来制定，使经营理念成为企业运转的精神力量，并构成企业员工的市场行为和社会行为的准则，也是企业形象识别系统中最基本、最重要的因素。

在理念识别中，经营信念、价值观等处于核心地位，不同的企业，经营理念的语言文字表达不一样，因而企业的独特个性才得以突出体现。企业在概括、表现企业理念方面对于语言文字的运用是十分考究的，为了使企业理念能充分体现企业的特质个性，推行 CI 战略的企业，对于文字、词汇、语句、语言结构的研究都很细致，往往把企业理念凝炼成一句口号，这种口号既是企业内部员工所必须遵守的信条和行为准则，又是取得社会公众信赖和认同的一种语言概括。

大凡世界各国著名的公司、企业，都有自己出色的企业理念或是精神口号，如：

美国麦当劳快餐：世界通用语言·麦当劳

美国电报公司：普及的服务。

美国百事可乐公司：胜利是最重要的。

美国 IBM 公司：IBM 就是服务。

美国德尔塔航空公司：亲如一家。

日本丸井公司：丸井就是 0101。

日本松下电气公司：以技术开创世界的繁荣。

日本丰田汽车公司：以生产大众喜爱的汽车为目标。

日本三菱电机公司：技术与创造力。

日本东京银行：联系世界。

随着国际间企业交流日益频繁与密切，传播技术的飞速发展，企业理念和企业理念口号趋向同一，因此，企业理念口号应避免雷同，要突出个性，与理念应紧密衔接，避免口号空洞化。

2. 企业行为识别系统（BI）

企业行为识别，是以企业的经营理念为核心，通过企业行为的"模式"，展示企业内部的制度、管理、组织、生产、教育、开发研究等。并展现企业外部的魅力，使企业获得社会公众的认同，从而达到塑造企业崭新形象的目的。企业行为识别来源于理念识别，行为识别是理念识别的外化与表现。

企业行为识别系统通过企业内部和外部环境的调整、完善等具体行为来塑造企业形象。在企业内部，可以通过几个方面来构建员工所遵循的 BI：教育训练、专业训练、内部各部门之间的行为关系、工作环境、生产合理化、制度合理化、产品的研究与开发、市场策略的制订等。世界著名的快餐连锁经营企业——麦当劳，为了让所有的员工都能达到麦当劳的各项要求，十分重视对员工的培养，并创办了汉堡大学，被美国当局认可，使世界各国的麦当劳连锁店从品质、服务到工序、装饰都保持相同的风格。麦当劳这种管理与教育的根本目的，就是为了使麦当劳的理念深入员工的心智，使员工能够自觉地去遵守、执行，让麦当劳在世界各地的经营保持同一不衰的形象。

企业行为识别在员工对外的行为展现上，可通过行销方式，包括竞争方式、售后服务方式、促销活动、广告宣传、公共关系及公益活动、市场调查等方面来调整、完善。企业要在社会公众中树立良好形象，一流的产品质量和完善的售后服务是基础，同时还要开展公关活动，以求得社会公众的理解、支持与合作。如英国航空公司就曾为一名日本老太太专门飞了一个航班。原定英航波音747客机008号班机，从伦敦飞往日本，再由日本返飞伦敦，因故障不能按时起飞，为不耽误乘客行程，英航作了妥善安排，已购票的191名乘客，有190人都改乘其他班机飞往伦敦，可一名日本老太太却非坐008号航班不可。经紧急磋商后，英航决定用008号航班接这位日本老太太到伦敦，起飞推迟近20小时，行程1万多公里，估计英航至少损失10万美元。英航的这种做法，表明了作为国际一流航空公司对"上帝"的一种姿态，在经济上是损失了一点，但在顾客心中塑造了其高品质的形象，同时也教育员工，要更进一步提高飞行质量意识和服务意识，进而提高了英航在国际航空业的竞争能力。

3. 企业视觉识别系统（VI）

企业视觉识别系统是企业在理念识别、行为识别的基础上，所设计的向外界传达的全部视觉形象的总和。

视觉识别是静态的识别符号，也最容易为社会公众所接受。根据心理学的研究，人们日常接受外界刺激所获得的信息，以视觉感官所占比例最高，达83％左右。就理念识别、行为识别、视觉识别三者而言，前两者是较难控制的变化，而后者不易受外部环境的影响。因此利用这一特点，采取一贯的、统一的视觉识别，就能在社会公众中形成一种持久的、深刻的视觉效果。对于要导入CI的企业而言，如果因此把视觉识别的确立作为第一步，则是本末倒置的行为，因为CI系统必须以MI为基础，BI为行动准则的。

企业视觉识别系统一般包含两个方面：一是语言文字识别，二是图形识别。语言文字识别包括企业口号、厂歌、特定的宣传内容等；图形识别包括标准造型和标准色彩。企业视觉识别的设计与传播可分为基本要素与应用要素两个方面。基本要素包括企业名称（可以是中、英文字）、企业品牌标志、产品品牌标志、企业专用印刷字体、企业标准色、企业象征图案与造形等；应用要素包括办公用品、交通工具、招牌、旗帜、广告媒介、包装、制服等。

（二）CI系统各构成要素的关系

企业理念识别、行为识别、视觉识别构成了一个完整的CIS，三者相互联系，彼此统一，同时又各具特质。其中，理念识别是CIS的重心，侧重于精神，最具感召力，行为识别、视觉识别必须围绕理念识别来展开。BI是企业员工主观能动性的反映，体现了以人为本的管理思想。VI是MI的外在表现，体现了企业的外在形象。

四、CI在中国

我国大陆引入CI战略是在80年代末期，沿海开放城市的一些企业受到国际化和市场化的影响，顺应时代潮流，导入了CI系统，由此CI开始在我国传播开来。

率先导入CI的企业是广东太阳神集团有限公司。实施这一策划的广州市新境界广告公司，以粗黑三角人字形和鲜红的大圆点形象，给人以强烈的视觉冲击和向上的、壮丽的、永恒的想象，如图9-2所示。正是这个象征"太阳与人"的单纯、明确、简练的识别形象，

图 9-2 "太阳神"标志

成功地把太阳神商标、产品、企业三位一体地推进市场,使多年默默无闻的东莞黄岗保健饮料厂一下子成为人们所识记的——广东太阳神集团有限公司,使其产品覆盖中国大部分市场、及至东南亚,总产值从 1988 年的 520 万元发展到 1992 年的 12 亿元。1989 年,李宁运动装系列的出现,创立了中国第一个体育名牌。新境界公司为其设计的以"L"定位的图形飘逸动感,整个形象象征着"运动、跨越、腾飞"的意境,再加上运用 CI 战略,使李宁牌服装迅速占领了全国市场,各地还开设了"李宁牌"运动服专卖店,"李宁牌"运动服被分别指定为 1990 年亚运会和 1992 年奥运会中国代表团专用领奖服。

随后相当一批有实力的企业相继导入 CI,如深圳丽斯达日化公司、广州浪奇油脂化学工业公司、中美合资宝洁公司、嘉美乐饮料集团公司,"华帝"燃具公司等,同时也涌现了专门从事 CI 设计的公司。企业导入 CI 后,使企业形象更能深入顾客的心,形成一批较稳定的客户,产生了强大的竞争优势,取得了很好的社会效益和经济效益。有鉴于此,CI 系统的导入由沿海经济较发达地区开始向内地扩展,全国各地也确实涌现了一些导入 CI 系统相当成功的企业。

1992 年 6 月 29 日,广州市工商局举办"92 商标广告"研讨会,收到论文 30 多篇,其中不少专家、学者、企业家以及广告界人士积极研讨 CI 问题。由此,中国 CI 开创了理论研究的局面,全国部分省市创立了 CI 研究协会,系统研究具有中国特色的 CI 系统。

第二节 CI 策划和程序

CI 策划,是企业或组织在导入 CI 之前,通过市场调查,在准确、全面掌握市场信息的基础上,有目的、有步骤地树立企业或组织独特形象的过程。CI 策划所塑造的企业形象与竞争对手有着明显的区别,在市场中独树一帜,形成有利于企业活动的大环境,有利于企业产品进入市场,占领市场,并使其市场占有率不断提高。CI 策划是企业导入 CI 的指南,要严格执行 CI 导入的程序、原则,正确选择导入 CI 的时机。

一、导入 CI 的基本原则

CI 设计是企业一项长期性的经营战略,树立一个企业的形象需要周密安排,遵循 CI 设计的一些原则:

（一）同一性原则

CI设计一个显著的特征就是同一性，也就是企业向外界所传达的任何信息都必须突出同一形象。这种同一性首先表现为企业的名称、商标、品牌的统一；其次是企业理念、企业行为的同一性。CI策划的目的，就是通过企业周密而系统的计划，建立一个统一而单纯、规范而灵活的独特企业形象，CI的同一性使企业在市场中突出个性，有利于社会公众对企业的认同，进而提高企业的整体形象。

企业进行CI设计时，理念识别的确立是核心，如企业的价值观念、经营信念、经营策略等。但这些有赖于非视觉化的活动来识别，如通过员工教育、市场调查、产品开发、公共关系等一系列行动体现出来；同时也要靠视觉识别，如企业名称、企业与产品的标志和标准字体、宣传口号、交通工具、办公用品、传播媒介上的广告等表现出来。因此，CI设计，要把企业形象中的企业理念、行为规范和原则、视觉形象这三个方面的内容和形式标准化地设计出来，把企业的经营理念展现给社会公众，从而引起人们对企业的趋同感。

CI设计的同一性最直接的表现就是外在形象的统一，即企业名、商标名、品牌名一致。国际上一些较早导入CI的公司很多都经历了由企业名称、注册商标、品牌名称的各自分离到统一为一个名称的过程。如日本柯尼卡公司，在导入CI策划前，企业名称是小西六写真工业公司，拥有小西六、柯尼卡、樱花、优美四个著名商标。在富士胶卷公司创立前，占有日本相机、胶片市场的80%，而后来居上的富士公司采用一个商标策略，到50年代就占领了小西六市场的半壁江山。同时美国柯达公司也进军日本胶片市场，小西六真正是危机四伏。在严峻的形势下，小西六决定导入CI，并将公司更名为柯尼卡公司，并将产品也都统一为"柯尼卡"，以全新的形象投入市场竞争，抢回了部分被富士占领的市场，并保住了在日本胶片市场居于第二的位子。

我国企业由于历史的原因，市场意识较淡薄，企业名称、商标名称、品牌名称各不相同的占绝大多数，以致消费者对企业产品大都很认同，却很少有人知道产自哪个企业。如70、80年代，"永久"、"凤凰"自行车可以说是家喻户晓，但知道是哪个厂生产的就没有多少人了。随着CI在中国大陆的推广应用，许多企业已开始重视CI同一性的应用，逐步将企业三个主要名称同一起来，成为我国企业CI策划的典范。

（二）独特性原则

企业在导入CI时应把握的一个重要原则——就是独特性原则，企业导入CI的重要目的之一就是要形成自己的特点，要有鲜明的个性。独特性原则要求企业不论经营战略、经营方针、管理规范，还是企业名称、商标、品牌、广告等都要突出企业特色，在繁杂的市场中鹤立鸡群。

在CI导入中，只有具有独特性，才能被社会公众从纷繁的信息中识别出来，形成稳固的记忆，在公众头脑中留下深刻的印象。很多企业正是因为形象识别的独特性，才能几十年、一百年保持其活力。

（三）长期性原则

企业导入CI，需要作长远规划，切忌急功近利，不能将VI的设计作为CI的全部。树立企业形象是企业的一项长期战略任务，往往要持续一年甚至几年才能完成，而保持和维护企业形象更是实施CI战略的一项永恒主题。

（四）民族性原则

CI设计的民族性原则,是CI能否顺利实施并发挥作用的基本保证。CI源于美国,风行于日本、韩国,但各国企业在实施CI战略时,都各具特色,充分体现了民族化的特征。

CI设计的民族性原则要求企业导入CI时,应扎根于民族的土壤,创建有民族特色的企业形象。切忌照搬照抄别人的CI模式。企业导入CI的过程,实际是一次发挥、强化和传播企业价值观的过程,也是一次统一企业文化、整合企业内部员工行为的过程。把民族文化、民族风俗、民族传统融入CI设计过程,企业形象才能被广泛接受。

(五)操作性原则

CI由于其在塑造企业形象中的独特作用而受到许多企业青睐,但在真正实施时,由于缺乏可操作性,特别是在企业理念识别、行为识别上,往往只能停在口头上,而无法落实到行动上,结果把形象识别的设计作为了CI设计的全部。

CI设计的操作性原则,要求企业的理念系统必须有行为系统作保证,形象识别系统要能体现理念识别系统。企业《CI手册》的设计要建立在对自身、对环境、对市场有深入调查了解的基础上,企业高层领导是CI设计与导入的核心,CI专家及中层管理人员是骨干,全体员工都要参与。因此,CI设计应是能使全体员工都能理解、认同的操作系统。

二、导入CI的时机选择

CI是企业长期经营战略的一个组成部分,尽管企业导入CI的动机不尽相同,但在导入CI时选准时机,才能使CI得到全面的贯彻落实,成为全体员工的共识。

(一)新公司成立、合并成企业集团

选择新公司成立或企业合并时导入CI,是实施CI的最佳时机。通过CI战略的实施,以系列性、独特性的识别系统,将企业形象传达给社会公众,可收到先声夺人的效果。

而企业合并后,企业的经营理念、经营范围、发展方向、新企业内各部门职责、企业的拳头产品或服务以及企业的形象都发生了很大变化,社会公众很难识别新的企业。选择此时导入CI,统一企业理念,重新构筑未来企业形象,使新的企业一诞生就能为社会公众所认识。

日本CAITAC集团在组建公司之时就开始导入CI。CAITAC集团的骨干企业是OKASEN股份有限公司,该公司主要经营服装饰品,后又进军寝具、住宅用品、纤维商品、女性便服、内衣市场。由于经营范围扩大,该公司经营发展方向较模糊,职责不清,很难形成公司专属特定产品,难以构筑企业形象。该公司在深入检讨之后,有了重新构筑未来企业集团的构想,并决定趁此时导入CI。然后设立了以OKASEN为核心的集团公司,公司下属合并的14家企业,构成了CAITACA企业集团,明确了各企业的基本方针、目标、经营政策等,形成"诚实、协力、对未来的挑战"的经营哲学,使企业集团一成立就树立了良好的企业形象。

(二)企业扩大经营范围,朝多角化方向发展

企业扩大经营范围是企业发展的一种客观要求,世界上许多成功的著名企业都走过这条路。选择此时导入CI,能改变社会公众对企业原有的误解,建立既符合企业实况,又符合未来发展的标识系统,以适应企业的发展。

由于企业经营多角化,企业生产的主要商品比重发生变化,企业与承包商、客户的关系网络也在不断发展,组织及管理问题也就出现了,企业原有的名称、标志、经营理念等,发生了与生产性质、内容不相符的问题。因此,导入CI系统,改变社会公众的误解。统一

企业产品品牌，消除混乱现象，理顺关系，大大地提高了企业知名度，树立了崭新的企业形象。

（三）企业创立周年纪念时

企业的周年庆典是导入CI的较好时机。企业创立周年，都要总结、表彰先进，暴露缺点。此时导入CI，人心思齐，容易统一，变革企业形象的号召与举措容易为广大员工响应与接受，提高员工的自豪感与荣誉感，增强企业凝聚力。企业周年庆典活动，往往会引起新闻媒介和社会公众的关注，起到提高企业知名度和美誉度的作用。

（四）进军海外市场，迈向国际化经营

随着企业的发展，国内市场竞争日益激烈，国际统一大市场逐步形成，许多企业开始走出国门，迈向国际化经营。此时原有的企业名称、标志和包装有可能不适应国际化经营的需要，甚至与有些国家的民俗习惯、文化特点相悖。此时导入CI，不仅可以使产品打入国际市场，还可使企业扬名海外。

（五）新产品开发与上市

企业开发成功新产品时，首先面临的就是产品宣传，市场推广的问题。选择新产品上市时导入CI，既可收到促销产品的广告效果，又具有塑造企业形象的功能。

（六）摆脱经营危机，消除负面影响

CI本身就是在企业经营管理中发展起来的现代企业形象战略，当企业面临经营危机，停滞不前时，借机导入CI，以提高企业活力，澄清社会公众心中的阴影。

三、实施CI战略的基本步骤

CI既是企业形象战略，也是企业文化战略，它对企业的表层视觉形象直到深层的经营理念，都要进行系统的规划，是一个帮助企业从经营宗旨、组织体系、市场策略、产品策略、公共关系、广告行销乃至人员素质方面，进行全方位综合治理的系统工程。从这个意义上说，它也是企业的经营战略。企业导入CI，实施CI战略，必须步步为营，既突出重点，又立足长远，循序渐进，才能达到塑造和提高企业形象的目的。

企业如何具体实施CI战略呢？一般来讲应按以下五个步骤组织实施。

（一）准备阶段

1.CI委员会

任何企业导入CI，都有一个准备阶段。在准备阶段，企业首先要通过内部各部门的回顾总结、市场调查结果、各种资料分析，发现企业存在的问题，决定导入CI。然后企业最高决策机构或专门的CI策划公司，提出导入CI的方案。

导入CI的提案经批准后，由企业的主要负责人和CI导入专家组成CI委员会，研究导入CI的计划，慎重讨论企业实施CI的理由，明确CI实施的意义和目的，然后大致确定CI实施的范围。CI委员会一般由三类人员组成：决策人员，主要是企业主管；职能人员，企业各主要部门负责人；策划人员，主要是专门的策划专家。

CI委员会的基本任务有：

①确立CI导入的时间与日程；②确立CI导入的方针与政策；③确立CI导入的价值取向；④全面检讨企业的现状；⑤提供CI设计的全部企业资料；⑥审定CI设计的各种方案；⑦协助CI设计人员开展设计工作；⑧调动全体员工参与CI导入活动；⑨将CI设计在企业内部全面推行；⑩反馈企业内部对CI设计的意见。

2. CI 执行委员会

CI 执行委员会是隶属于 CI 委员会的一个具体从事 CI 设计与推广工作的机构。

CI 委员会负责 CI 设计的大政方针、信息提供和后勤保障，而 CI 执委会则是专职负责具体的 CI 导入工作。它由创意策划专家、平面设计人员、市场调研人员和方案人员四部分组成。

CI 执委会的基本任务是：

①预测 CI 导入的具体时段；②预算 CI 导入的费用；③提出 CI 设计的论证报告；④对企业内部进行 CI 诊断；⑤对企业的外部环境进行调查；⑥对企业的理念、行为、感觉识别和传达系统进行设计；⑦负责 CI 设计的内外推广；⑧负责对 CI 设计效果进行检验。

（二）调查阶段

CI 导入机构成立后，所要做的第一件事就是进行 CI 调查。CI 调查分为内部调查与外部调查两部分。

企业内部的调查，包括企业的经营状况和经营战略、经营理念、企业精神、组织结构、员工素质、企业内部形象、现有企业视觉识别系统、企业的信息传播渠道等，需要逐一地加以了解、研究、分析，然后制定出企业形象的理想定位。企业内部调查的重点，主要是和高阶层主管人员的沟通，应以相互信赖和共同发掘问题为基础，将企业经营状况、内部组织、经营方向等正负面问题深入探讨，以便确定 CI 开发设计的方向。内部员工对企业的认知状况，也是调查作业的重点之一。员工对内部作业环境、福利待遇、管理体制等问题的反映和看法，也是开发 CI 的较好参考资料。

企业外部的调查，一般也涉及企业内部的调查内容，但主要侧重于消费市场环境、相关企业形象、社会公众对企业形象的认知与评价等。有关消费市场与特定对象的调查分析，是调查工作的重要内容。

调查结束后，应对调查结果进行综合整理，写出调查报告。

（三）企划阶段

企划阶段主要是以调查结果为依据，深入分析公司内部、外界认知、市场环境与各种设计系统的问题，进行未来公司的定位设计，构筑理念系统，研讨具体可行的形象塑造方案。

在企划阶段，要对调查结果作出综合性评论，归纳整理出企业经营上的问题，并给予有效的解答；还要对本企业今后的活动及形象的构筑方向，提出新形象概念，设定出基础设计的方向，并根据总概念，具体提出识别系统的方案。

在企划结束时，应提交一个能表达总体企划思想和战略的文本，或称总概念报告书，指出 CI 计划的要旨和未来管理作业的方向。

（四）设计阶段

这一阶段主要是将前面各项作业所设定的识别概念、基础概念，转换成系统的视觉传达形式，以便具体表现企业精神。

设计阶段大致可分为三个步骤：①将识别性的抽象概念，转换成象征性的视觉要素，并对其不断调查、研究，直到设计概念明确化为止；②创造以实体象征物为核心的设计体系，开发基本设计要素，以奠定 CI 传播系统的基础；③以基本设计要素为基础，展开应用要素的开发作业，以及新制度的导入、变换和管理、运用系统等各种开发作业。

此阶段的工作可细分为基本设计要素的开发和应用设计系统的开发。其中基本设计要素的内容包括企业命名、企业标志设计、标准字设计、应用标准字设计、商标的设计、象征图案设计、标准色设计等，其工作十分艰巨，整个视觉识别系统即以此为中心。

应用设计系统包含的要素很多，主要有：办公用品设计，包括专用信封、信笺、便笺、公文笺、名片、员工证件、胸卡、徽章、票据、公文会议夹、公文包、办公标识等；环境空间设计，包括办公区建筑外观设计、室内装饰设计、车间环境设计、旗帜设计、生产区内外环境指示系统设计等；标准服饰设计，包括职员制服、生产员工工作服、特殊工种制服、专用领带、领带夹等；产品包装设计，包括类型、大小、材料的包装、礼品袋、纪念品等；广告设计，包括招贴广告、报纸广告、杂志广告、POP 广告、路牌广告、灯箱广告、电视广告等；交通运输设计，包括车身广告、车辆标识与装饰等。

（五）实施阶段

这一阶段的重点在于将设计规划完成的识别系统制成规范化、标准化的手册或文件，策划 CI 发布活动、宣传活动，建立 CI 实施小组和管理系统。

在实施阶段，一般应进行的活动有：

（1）择机在企业内外进行 CI 系统的发布，如举行隆重的 CI 发布仪式，利用媒介向内外公众进行宣传。

（2）建立相应机构，监督 CI 系统的执行。当 CI 设计完成后，企业内部还应保留 CI 委员会，并成立 CI 推动小组，担负监督实施与管理的功能。

（3）拟定符合 CI 系统的广告宣传策略。广告宣传包括产品宣传、企业形象宣传和公关宣传等。

第三节　企业系统形象策划

企业系统形象即人们通常所说的企业形象。所谓企业形象是指企业及其在社会公众中的反映。它包括三个方面的含义：一是企业的实体形象，即企业本身；二是社会公众，包括众多的用户、顾客以及其他同企业发生各种联系的个人和群体；三是企业关系者对企业的感知与认同，即对企业的总体印象。由于企业所处的环境变得越来越复杂，变化的速度也日益加快，相对于客体的企业主体也须随之变革，因此要求企业要有一种新的经营战略以适应这种变化，这就是企业系统形象战略。

一、企业形象概述

（一）企业形象与企业发展

企业形象关系到企业的生死存亡。成功的企业形象是无形财富、宝贵的资本，是提高企业经济效益和社会效益的根本。

企业形象的塑造与提高要借助 CI，而从企业经营战略的发展史来看，企业注重形象并不是 CI 出现之后才开始的。60 年代以前，企业竞争重点是三要素，即人力、物资、资金，企业注重的是自身实力形象。因而，其形象战略的竞争往往是人才的竞争、物资的竞争、资金的竞争。因企业所处状况不同，其战略视点的选择也不一样：有的从教育员工，提高人的素质着手；有的则在合并、垄断，扩大经营规模上下功夫；有的则以资金充足为后盾，用铺天盖地的广告宣传压制竞争对手；有的则以协调公共关系为上策，以保持自身立于不败之地。以上事实都是从某一个方面巩固和强化企业形象，以维持企业的生存与发展。

随着企业对形象认识的深入，导致了企业对经营资源认识的改变。从过去的偏重人才、物资、资金等问题，转变为人才、物资、财源和形象四个资源并重。CI 就是以提高企业形象为目的，企业导入 CI 后，往往能使企业的各方面，从深层的企业理念到显层的企业标识发生积极性的改变，从而综合作用到企业的相关组织和个人上，产生全方位的效果。

国际市场、国内市场的竞争越来越激烈，企业不但面临着国内同行业的竞争，而且也面临着国际同行业（包括发达资本主义国家、发展中国家）的竞争。如果没有塑造企业形象的意识，没有市场占有率的认识，企业势必被竞争对手打压，直至被淘汰出市场。

（二）企业形象的分类

企业形象占有多维度、多层次的时间、空间和思维领域，且具有动静结合与相互转换的各种不同形式，是一个复杂的系统，从不同的角度可以划分成不同的类型。

1. 有形形象与无形形象

从形态上可将企业形象分为有形形象与无形形象。

（1）有形形象是指能通过人们的感官直接感觉到的企业的外在表现，一般都具有物化的特征，包括：①产品（服务）形象，这是企业最主要的实体形象。企业产品质量好坏，服务优劣直接决定了客观的企业形象。②外观形象，指企业为了进行生产经营活动而建设的厂房设施、技术装备、店容店貌、场所环境等，这是构建企业形象的物质基础。③员工形象，指企业员工在劳动热情、业务技能、劳动效率、服务态度、服饰仪表、言谈举止等方面给社会公众留下的印象。④自身实体形象，包括企业的市场形象、技术形象、社会责任形象等，它通过企业的经营作风、经营成果、经济效益、社会贡献等体现出来。

（2）无形形象是在有形形象的基础上，通过人们的记忆、思维等心理活动在头脑中升华而得到的主观印象。主要包括：①企业信誉，这是企业无形形象中的主体内容，信誉本身是看不见摸不着的，它体现在一个企业的生产经营活动之中，是社会公众经过长期对企业的了解，通过多次信息反馈后所形成的对企业的综合评价。②企业文化，是指企业群体在长期生产经营活动中逐步形成的价值观念、行为规范、企业精神、企业风格等，或者是一种具有群体心理定势的经营哲学、群体意识、文化氛围。它本身不具有直观性，但能够有力地影响企业在公众心目中的形象。

有形形象和无形形象的综合，构成了企业的整体形象。无形形象总是建立在有形形象之上，因为社会公众对企业形象的评价、印象，往往从有形形象开始。但无形形象对公众行为所产生的影响，则远远大于有形形象。

2. 真实形象与虚假形象

按传播学来分，可将企业形象分为真实形象与虚假形象。真实形象是留给社会公众符合企业实际的形象；虚假形象则是失真的形象，即企业在公众心目中的印象与该企业的真实情况产生了误差甚至歪曲。

造成虚假形象的原因很复杂。源于信息传播过程中的失真是主要原因。如企业形象的传播源没有将真实的信息传递出去，传播企业形象的媒介对企业理解不确切等，均会造成这种状况。

要根本避免企业形象的失真是不可能的，只是每一个企业都要使失真度降低到最小，力争给公众留下一个真实的企业形象。

3. 期望形象、领悟形象和实践形象

期望形象、领悟形象和实践形象是按企业形象的现实性来划分的。期望形象又称理想形象，是社会公众对企业形象的希望和要求，是社会对企业的权利义务和行为规范的要求。如公众要求企业能生产优质、美观的产品，保持良好的生态环境，要求商家提供良好的售前、售中和售后服务。

领悟形象是企业自我设计的形象，即企业对自身形象的理解，或主观上对自己权利、义务的规定。领悟形象的树立，要经济、认真地调查研究，了解社会公众的意见和要求，充分体现时代风貌和要求。

实践形象是指企业在实践中表现出来的形象，又称为企业实态。实践形象可能是良好的，也可能是平庸的，甚至是低劣的，与期望形象、领悟形象有一定的差距，甚至完全相反。这就要求企业通过实践形象与领悟形象的比较，调整决策和实施工作。通过领悟形象与期望形象的比较，找到自身设计、目标与社会公众期望、要求的差距，从而重新设计自身的形象。

（三）企业形象的特征

企业形象反映了企业的综合经营素质，是企业宝贵的无形资产，企业在树立自身良好的形象时，要把握企业形象的一些特征。

1. 客观性

任何一个企业，都处在一定的舆论环境中，它的经营策略、行为及其产品或服务，都会给社会公众留下某种印象，从而产生某种评价。这些印象和评价，就构成了一个企业客观的社会形象。尽管人们可以通过各种手段塑造一个企业形象，但不能在虚假的基础上构筑一个良好的企业形象。

2. 整体性

反映一个企业形象的角度不是单一的，而是多角度、全方位的。不同的角度评价一个企业会得出不同的印象，不同的时期对一个企业也会产生不同的评价。而且，影响一个企业形象的自身因素也是多方面的，包括经营方针、管理效率、员工素质、企业文化、产品质量、服务态度、厂容厂貌，各种因素都具有内在的联系，共同对企业形象起作用。

3. 相对稳定性

企业的社会形象是相对的，不是绝对的。一方面，企业所面对的社会公众广泛而复杂，不同的公众对企业有不同的要求和兴趣，对企业认知程度不同、接触的深度不同，对企业的看法和评价就必然会存在各种差别。另一方面，企业经过努力树立起的社会形象，也不是一成不变的，会随着内外公众舆论环境的变化而变化，需要时时从各个方面不断地加以完善和创新。但企业形象一旦形成后，就不会在社会公众中轻易地改变。所以企业对已有的形象，要经常地进行调查，了解公众对企业的评价，除非出现了严重的经营危机，否则不要随意变更。

二、CI 在塑造企业形象中的功能

在当今日趋激烈的市场竞争中，企业致胜的法宝不是产品价格、质量、服务等，而是一个企业的综合形象，而 CI 是树立企业形象最有力的手段。CI 通过统一企业文化、经营理念、行为模式及视觉识别，使企业内部运作与外部环境协调一致，通过形象讯息的准确传递，取得社会公众的认同，进而建立理想的企业形象。

CI对企业形象塑造的功能可分为企业内部功能与企业外部功能。

（一）CI的对内功能

CI的对内功能是指CI在塑造企业形象中对企业内部经营管理的作用，主要表现在企业文化的建设，统一企业行为识别和视觉识别，提高企业内部凝聚力，增强竞争能力，取得多角度、集团化经营的优势。

1. CI有利力构筑企业文化

企业文化是企业在长期的生产经营活动中逐步形成的经营理念、企业精神和行为规范等的总和。企业文化的作用，主要体现在强调企业目标和企业成员工作目标的一致性，强调群体成员的信念、价值观念的共同性，强调企业对成员的吸引力和成员对企业的向心力，因此它对企业成员有巨大的凝聚力和内控力。

企业文化的建设具有多种途径，实施CI战略是其中重要的途径。只有独特的企业文化，才能塑造出具有鲜明个性的企业。CI就是旨在通过塑造独特的企业文化来提升企业形象。CI不仅将企业已形成的价值观、群体意识、行为规范等进行概括和提炼，像人们熟知的"松下精神"、"三菱家训"、"麦当劳箴言"等，而且对落后、陈旧、千篇一律的企业文化予以革新、重构。CI塑造企业独特文化的过程，也是统一企业文化的过程。

CI战略的推行，不仅仅是统一企业文化，其更大的作用还在于，把企业文化转变成企业理念系统，并将企业理念贯穿于企业行为和企业的视觉系统之中，以此来提高企业内部的凝聚力，提高企业的知名度。

2. CI有利于提高企业竞争力

统一完整的企业形象，必然是以系统化、规范化、标准化的经营管理为基础，使生产经营方式发生了变化，大大降低了各项成本，能确保产品、服务质量，并通过统一的视觉设计，将企业的特性、精神形象化地传达给社会公众，形成一个稳固的消费者群，增强企业在市场中的竞争能力。

3. CI有利于企业多元化、集团化、国际化经营

我国许多企业目前正向多元化、集团化、国际化经营迈进，目的是使企业各个经营项目之间共同利用某些资源，产生协同效果，增强企业适应不同市场环境变化的能力，使企业营运更加稳健、安全。

在这种多元化、集团化、国际化的经营中，最关键的是要取得各关系企业的协同，使多种企业、多元经营，不同的价值观、不同的经营理念、不同的行为规程、不同的视觉识别系统统一起来，发挥合力。而CI战略的运用，可以有效地使集团各关系企业互相沟通与协作，并相互支持，将协同效益发挥到最大。

日本菱备集团由14家关联企业联合组成，各企业经营理念、价值观、行为规程、视觉形象都不同，难以运转。1974年，集团决定实施CI战略。集团首先确立统一的目标，制定统一的行为规程，设计了统一的标识系统和宣传口号并成立专业机构实施CI策划。经过两年的努力，菱备集团名声大振，经营业务呈直线上升，很快成为日本著名企业。

（二）CI的对外功能

CI在塑造企业形象中，对外功能主要表现在有利于提高企业形象，扩大企业知名度，有利于公众的认同以及有利于企业公共关系的运转等，为企业创造出一个良好的经营环境，使企业与政府、供应商、推销商、股东、金融机构、新闻界、消费者等相关的组织和个人都

保持良好的关系,具体地说,CI对外的主要功能表现在:

1. 有效、快速地传递企业信息,提高企业知名度

社会公众对企业所形成的印象,源于各种来源不同的信息,诸如企业的视觉识别系统、行为识别系统,各种大众媒介的公开报道、人际关系的传播以及与企业直接、间接的接触等,以CI中的VI的传播力量和感染力最强。因此,配合蓬勃发展的视觉传播媒体,开发透过视觉符号的设计系统来传达企业的经营理念,是提高企业知名度与塑造企业形象最有效的方法。

CI将企业发出的信息,如企业的产品、历史、规模、质量、技术水平、价格、售前售后服务等,凝聚成一句话,甚至一个标志,集中统一地传递出去,引发人们的注意;并根据公众选择性知觉、选择性记忆的特点,提高企业信息的真实度和可信度,影响人们心理定势的形成;同时不断重复,对公众大脑形成强烈的冲击力,使之在公众脑海中留下深刻的记忆。像"可口可乐"那标准的红底色,配以白色的字体,标识独特,随处可见,确实对公众形成了"红色的冲击,挡不住的感觉"。

2. 有利于企业赢得社会公众的认同

企业要具有良好的形象,必然要让企业与其产品或服务得到社会公众的肯定、好感与支持。CI塑造企业形象,能通过产品,对社会公众产生如下作用:

(1) 形成产品的文化品味,使公众获得舒适、温馨和美等感性享受:这是CI对企业标识、包装及广告等视觉识别上精心构筑的结果。如美国一家调查机构发现,爱抽万宝路的烟民常常将万宝路烟拿出口袋,细细赏玩包装,感受万宝路包装设计中所透露的强烈男子汉气息。

(2) 建立消费者的品牌偏好,对产品重复购买。企业通过导入CI,能在消费者心目中树立起名牌企业和名牌产品的形象,而名牌在消费者眼中,是信任的标志,是荣耀的象征,它能使消费者对其产生偏爱,并愿花费高价去重复购买。

3. CI有利于企业公共关系的运转

企业公共关系主要是通过传递企业有关信息,协调好与公众的各种关系,直接为企业的经营发展服务。企业导入CI,有助于信息传递的习惯性、真实性和统一性。

企业公关活动的对象主要有员工关系、股东关系、顾客关系、金融关系、供销关系、政府关系、社区关系、媒介关系等。各种关系的形式均有所不同,但CI都能在其中发挥独特作用。如股东关系在实行股份制以后,成为许多企业公关工作的重点,它是股份制企业解决资金来源的一个重要渠道。而企业导入CI,通过企业形象的塑造,有利于增加投资者的安全感和信任感,赢得股民的信赖,增强企业的融资能力。

三、企业形象设计

企业形象设计主要指VI的设计,即视觉形象设计,是企业理念的表现形式,体现了企业个性,是CI设计中的重点和核心。视觉设计的要素很多,这里介绍较重要的企业名称、企业标志、企业标准字、企业标准色等的设计。

(一)企业的名称设计

根据CI同一性原则的要求,企业名称、商品名称、品牌名称应力求统一,因此,我们就用企业名称代表三种名称的设计。

在MI和BI确立之后,首先应做的一件事是给企业取个好名称。取名有两层意思:一

是新成立的公司应有一个名称；二是旧公司在导入 CI 时，因企业名不符合 CI 原则而必须更名。

企业的名称是企业外观形象的重要组成部分，因为企业名称是人们经常要记忆且能给人以突出印象的一种符码，是视觉设计时首先要考虑的问题。

能否为企业起一个恰到好处的名称，是企业能否成功导入 CI 的标志，有时还能决定企业的命运。

日本的索尼（SONY）公司原名为东京通讯工业株式会社，当该公司生产的第一台收音机问世后，在如何给新产品命名的问题颇费了一番周折。以公司原来的产品名命名为 TTK 的话，由于以该类组合命名的产品在欧美市场上太多了，突出不了个性，不利于进军美国市场。公司通过大量调查。发现"Sonny"较为流行且易读、亲切，Sonny 是小家伙的意思，决定以此命名新产品。但 Sonny 一词在日语中易被读成 Sohnne（损），意即赔钱，不妥。在调查了世界许多国家对 Sonny 的读音之后，决定去掉一个 n 字母，变成 Sony，这样该词就无实际语义，而且世界各国发音都大致相同，大写为 SONY，产品进入国际市场的读音、歧义障碍消除了。后来，SONY 产品在世界许多国家畅销，公司名称也更改为 SONY 公司，以后的新产品一律命名为 SONY。SONY 产品战胜了众多竞争对手，发展为跨国大公司，拥有巨大的财富，SONY 的命令确实振兴了索尼公司。

给企业命名时，一般应掌握以下几个主要原则：

1. 个性原则

CI 视觉识别设计，首先强调的是突出个性，有自己的特色，尽量避免雷同、重复或近似。越是有特色的名称，越容易被人们记忆。如娃哈哈、索尼、柯达胶片等都各具特色。

2. 易记原则

给企业取名，要让其好认、好念、好记。名字是让人记的，不便于记忆，取名也就失败了。在给企业取名，应尽量避免使用那些发音难、音韵不好听、难写、难认、字形不美的字。象"可口可乐"、"健力宝"、"海尔"、"长虹"等名称，朗朗上口，易于记忆，很容易在社会公众中流传。

3. 联想原则

企业名称如能给人以好的、吉利的、优美的、高雅的、有教养的等多方面的提示和联想便能较好地反映出企业品味，给消费者带来好的印象。如"太阳神"使人联想到生命之活力；"娃哈哈"使人联想到天真活泼、健康快乐的少年儿童；"精工"钟表寓意工艺精致，走时准确。

企业命名时，还应防止几个误区：

1. 以地名作企业名。很多企业以地名做企业名，由于地名知名度较高，往往只适合于生产传统名牌产品的企业。但因地名所代表的意义已定势化，非传统产品的企业几乎沾不到光。如众人皆知宜宾五粮液酒厂，但若以宜宾命名榨菜就提高不了知名度。

由于我国企业命名的习惯，人们往往在企业名称前冠以地名，在进行 CI 设计时，要着重突出的是企业名，切不能本末倒置地以宣传地名来提高企业的知名度。

2. 以动植物、景点为企业名。这种取名方式在我国十分普遍，如熊猫彩电、熊猫香烟、水仙、长城、西湖等，往往造成企业名称重复，消费者不知该品牌或企业究竟是什么或生产什么；再就是冲淡记忆的主体，难以留下深刻印象。

3. 以数字、序数取名。这种取名形式在我国企业中也较为常见。数字取名常有两种形式：一种是纯数字命名，另一种是地方名加数字或序数取名。前一种取名形式常见于军工企业，主要是过去为保密性而取的，现在大多数军工企业转为民用企业，这种名字使得企业不为人知。

后一种形式则是为了体现企业级别或数量，是计划经济的产物。如四川省第一建筑工程公司、第二建筑公司……，成都市第一建筑公司，成都市第二建筑公司……等，不说企业全称，谁能分清到底是哪一家建筑公司？这种命名方式没有个性，也就谈不上树立企业形象了。

（二）标志设计

企业标志是用于标识企业、商标、或品牌的统一标准视觉符号。

1. 标志的类型

（1）文字型图案标志。文字型图案标志一般是以企业名称、产品名称为基础，充分发挥书法给人的意象美，加以字体造型而构成，如太阳神、好来西、娃哈哈，如图9-3所示。

图 9-3 好来西和太阳神标志
(a) 好来西标志；(b) 太阳社标志

（2）图形标志。图形标志以富于想象或相联系的事物来象征企业的经营理念、经营内容等，是用比喻、暗示的方式作为标志图案，创造出富于联想、包含寓意的艺术形象。如日本美能达、美国柯达胶卷，如图9-4所示。

图 9-4 美能达和柯达标志
(a) 美能达标志；(b) 柯达标志

(3) 复合标志。复合标志是由文字和图形复合而成，也是企业使用最多的标志，复合标志不仅能标识企业、产品，还具有说明性，如李宁牌运动服。

2. 标志设计的原则

(1) 力求简洁。标志既是消费者辨认企业的途径，也是增强企业宣传效果的最好手段。标志往往不受语言、国别限制，成为沟通各国科技、文化、商业最直观联系的国际语言。因此，在设计标志时，应力求形体简洁，形象明朗，引人注目，印象深刻。

(2) 突出个性。企业标志作为大众识别的工具，必须与同类或类似的企业标志明显区别开来，有新意境、新形式。在设计时，既要准确把握企业的特征，将企业的内在特性表达出来；又要把符合形象的有利因素加以改造、组合，把可视特征表现得更为新颖、夺目。

(3) 体现时代精神，融入民族风格。一般来说，企业标志应具有相对稳定性，以保持消费者的识别记忆。但随着时代的发展，或企业自身的变革与发展，企业标志所反映的内容，落后于时代的发展。因此，企业标志在保持相对稳定的前提下应发生相应的变化。如百事可乐公司的标志演进，马自达的标志变化，如图 9-5 所示。

图 9-5 百事可乐和马自达的标志演进

(a) 百事可乐的标志演进；(b) 马自达的标志演进

(三) 标准字的设计

标准字种类繁多，运用广泛，几乎出现在 CI 的各种应用要素上，用企业独特的标准字标志其个性并与其他企业相区别。

强调标准化是 CI 设计的一大特点，标准字的设计就是要让企业名称自始至终都以同一字体、字形出现，以强化企业标志在公众心目中的印象。

标准字的设计方法:

1. 标准字的造型应与标志的造型相呼应

在 CI 设计要求中,标准字与标志是一个具有不同作用而又紧密相连的统一体,它们之间组合的位置、方式应有严格的标准。如果标准字的造型能与标志的造型融为一体,就能鲜明地传达出企业文化与经营理念,传达出企业的性质和商品的特性。

2. 标准字的造型应有个性,并富有美感

标准字作为一种符号,可以表达丰富的内容。具有不同个性的字体,可以传达出不同的企业文化和经营理念,表现出独特的企业性质和商品特性。

不仅运用不同字体,可以使标准字造型具有不同个性,在标准字上加以具有象征、暗示、呼应性的一些造型因素,也能使标准字体现出鲜明的个性和不同的意境。

3. 标准字的造型应便于推广和应用

无论是企业标准字,还是品牌标准字,都是要应用于各种媒体的,因此它们必须适合于放大、缩小、反白和边框处理,以适应于不同材质处理及空间位置的需要。除此之外,标准字的便于推广和应用,还指企业、产品在不采用标志的特殊情况下,标准字应具有能取代标志的功能。

(四) 标准色的设计

标准色是指企业选定一种或几种组合运用在视觉传递媒体上的色彩。大多数人对色彩会产生联想,给予不同的条件,就会产生不同的感觉,但无论是生理的或心理的,一般人对色彩的感觉大致相当接近,因此用固定的颜色来代表某一企业,是加深人们印象的一种好方法。

在设计企业标准色时,应从以下几个方面入手:

1. 企业类别联想

色彩一般分为暖色调和冷色调,暖色调一般较适合企业中性偏感性的行业,如药品业、交通业等;冷色调一般适合那些高技术密集型的行业,如电子业等。当然,色彩的联想还受标准字的名称及造型的影响。

2. 竞争差别的考虑

由于行业内对色彩的要求,企业往往都从色彩联想上考虑,使得同一行业内企业大都采用近似的颜色。要强化消费者的识别力,需要耗费更多的精力、费用,因此,如何造成色彩差别化就成为企业要考虑的重要问题。如日本银行选择热情有活力的红色,三井银行就独选较为理性的蓝色。

3. 企业文化的影响

标准色的设计,要能体现企业文化底蕴,反映企业的经营理念,表现出企业的安定性、信赖感、成长性、技术性。

复习思考题

1. 如何理解 CI?
2. CI 有哪些特点?由几部分构成,它们之间的关系如何?
3. 企业导入 CI 应遵循哪些基本原则?
4. 企业决定导入 CI 应选择哪些时机?

5. 简述CI导入的程序。
6. 企业如何通过CI塑造形象?
7. 如何进行企业形象设计?
8. 请为你的学校设计一个复合型标志。

第十章 公 关 案 例

公关案例，是指公关研究人员对所经历的或所收集的具有典型意义的公关活动的真实记录。公关案例分析是从公关理论到公关实践，从纸上公关到实地公关的"中介桥梁"。

公关案例源于现实具体的公关事例，但又有别于一般的公关事例。每一个公关案例，无论其大小、繁简，都体现出公关的现象和本质、个性与共性的统一；它所面对的公关问题、现实条件及其决案和实施的过程，都会引起人们的思考，都会给予人们启迪。从这个角度说，公关案例不但具有真实性和典型性的特点，而且具有普遍的指导意义。

公关案例分析的目的是丰富所学公关知识，锻炼分析解决问题的能力，提高实际技能。具体说来，案例分析具有以下几个方面的作用：一是理解作用，分析案例总需阅读了解案例材料，再仔细阅读，钻研思考，把握其所阐述的公共关系原理、原则和方法，这就是一种理解作用。二是分析作用，案例不应停留在表面事例、情节上，应努力寻找带规律性的东西，将感性认识上升到理性认识，悟出公关精髓，增强公关意识，这就是公关的作用。三是综合作用，分析案例，是以自己的认识水平去总结别人的公关实践经验，是一次从抽象了解上升到具体的、综合的认识过程，能获得多样性体验和丰富的公关知识，既是一笔财富，也是锻炼综合能力的机会。四是创新作用，一方面在综合原案例新经验的基础上，假想自己受聘于该公关咨询部门，为其策划一个比原方案更为卓越的活动方案；另一方面以案例所展现的新特色为线索，循迹追踪，提炼出新的观点、原理，进一步丰富和发展公共关系理论。这是一次认识上的升华，这对于建立具有中国特色的公关理论，有着十分深远的现实意义。

【案例1】信誉是企业的立足之本

案例原文：

1988年8月底，某工程公司承建的湘潭师院13000m^2的教学大楼竣工了。当时看来质量很不错，但经过一个冬天，到1989年3月，大楼北向外墙表面出现了部分起皮脱落的现象。分析其原因，一是这栋大楼用的是喷塑工艺，这种工艺用于内墙可以，用于外墙至今未过关；二是所用的喷塑材料是广东一家工厂的新产品，质量还未过关。1989年4月，他们与建设单位协商，决定从他们应得的施工费中扣回8万元给建设单位作维修费用。虽然责任不全在他们，但他们认了。至此，这件事应该可以打上句号了。

谁知事情并没有了结。湘潭师院教学大楼的事很快传开了。尽管他们的工程优良率连续几年在全省名列前茅，但一些人谈到这事总是对他们的施工质量表示怀疑，公司的信誉因此蒙上了阴影。有一次，听说一所大学图书馆工程招标，该公司经理、总工程师和总设计师找到主管部门的基建处，要求参加投标。基建处的同志搬出了湘潭师院教学楼问题，说他们施工质量不行，不同意他们投标。

湘潭师院大楼的问题像一块耻辱的标记刻在他们心头。这块标记不抹掉，他们感到不安。1991年6月，公司的领导班子研究，决定来个"花钱买信誉"，即给这栋大楼外墙全部贴上锦砖,所需材料和施工费用由他们负责。不要建设单位出一分钱。当时估算了一下,约需40万元。这个消息传开了,职工中议论纷纷。有的说,过去已经扣了8万元,该赔的都赔了,为什么还要承担这笔损失。他们耐心地向职工讲道理,算大帐,说明信誉是企业立足之本,失去信誉就等于失去了市场。花40万元买回信誉,是以暂时的"小失",求得长远的"大得"。

说干就干,他们先调集70多个劳力,奋战40天,搭好脚手架,铲干净大楼外墙上的喷塑料。然后由公司总工程师、工会主席率领100多名职工进入现场贴锦砖,冒着酷暑苦干45天,完成了任务。工程质量优良,教学楼焕然一新,共花费资金33万元,建设单位十分满意。在10月18日的工程竣工总结会上,师院给他们送了锦旗和4000元奖金。师院主管基建的负责同志在会上说:"通过这件事,我们完全改变了原来的看法,我们信得过你们,愿与你们继续合作,今后的施工任务都交给你们了。"

33万元真的买回了信誉。湘潭师院不仅把近万平方米的图书馆工程交给了他们,并且主动向主管部门反映情况,主管部门的态度也改变了,允许他们参加本系统工程投标,这样,他们终于赢得了越来越多的用户。在建筑市场竞争日益激烈,承接施工任务甚为不易的情况下,当年承接的施工任务比前一年同期翻了一番,总产值突破1亿元。

案例分析:

企业的社会信誉和形象是企业无形的巨大的精神财富。某工程公司能及时改变自己的形象,充分说明了公共关系事业的独特作用。

1. 企业领导应具有强烈的公关意识,把企业的信誉和形象作为首要任务

树立企业信誉,塑造良好的企业形象,是企业在激烈的竞争中立于不败之地的法宝。该工程公司原来的公关意识不强,对塑造良好形象也重视不够,致使企业形象受损。如果当时公司领导公关意识强,就可以预见到可能出现的问题以及对企业形象的影响,并采取措施加以避免。

2. 塑造企业的良好形象是摆脱信誉危机的有效手段

在企业形象受损,公司出现信誉危机时,公司领导不是怨天尤人,而是痛定思痛,决定进行信誉投资,挽回影响,作出了"花钱买信誉"的决策。这是矫正型公关手段的成功运用,一举改变了建设单位对他们的不良看法,提高了公司的信誉度和知名度,赢得了越来越多的用户。

3. 树立企业全员公关思想是塑造企业良好形象的基础

公司"花钱买信誉"的决定传开后,职工议论纷纷,思想一下转不过弯来,在这种情况下,公司领导不是用简单的行政命令来推行这项决策,而是耐心地向职工讲道理,算大帐,灌输公关思想,使职工明白了以暂时的"小失"求得长远的"大得"的道理。得到了全体职工的理解和支持,使"花钱买信誉"这项决策得到了不折不扣的执行。试想,如果不能取得全体职工的理解和支持,那么这项决策在实施过程中就有可能打折扣,企业形象仍然会受到影响。

【案例2】"蓝田"敢为人先

案例原文:

股份公司的股东大会向来具有很强的封闭性,对内往往是大股东的俱乐部,小股东往往被排斥在外,对外不向非股东开放。但是,1999年5月召开的湖北省洪湖市蓝田公司股

东大会打破了这个惯例，不仅邀请所有股东出席大会，对小股东不设置"门槛"和"栅栏"，而且对外部公众开放。为此，蓝田出了一个奇招：向每位出席大会的股东和传媒、券商、中介机构的代表提供了3天全程免费观光考察，并对每位股东给予300元路费补贴。此招一出，在中国证券界引起了强烈反响，得到蓝田的股东和外部公众的热烈欢迎和一致赞许。果然，投桃报李，蓝田股东大会获得了前所未有的成功，不仅所有议案均获得高票率通过，而且创造了6项中国股东大会之最：一是出席股东多达483名，二是散户股东达475名，占98%，三是出席股东最少为100股，四是到会股东遍及26个省（市），五是30余家新闻、券商和中介机构到会列席，六是会上鼓掌70余次。此外，还有8旬老翁和十几岁娃娃股东不远千里而至，也是中国股东大会所罕见。显然，这次蓝田股东大会已超出了一般股东大会的意义，不仅在中国股东大会史上写下了新的篇章，而且创新了公司公关的新概念。

案例分析：

1. 抓住一个"奇"字

蓝田公司想人所不想，为人所不为。你嫌散户人多钱少怕麻烦，我不怕；你嫌记者眼睛太亮"爱"挑毛病，我不怕；你怕机构业务太精会发现公司的商业机密，我不怕，一概请来。这种感为人先的大胆举措在公司内外引起强烈震动，极大地提高了公司的知名度和美誉度。

2. 传播一个"情"字

股东所到之处无不受到热情接待，公司总裁瞿兆玉先生语出温馨："这里是你们的家，请你们回家看看。这次请你们来开会，下次请你们来休假，希望把你们亲爱的夫人，尊敬的老人和可爱的子女都请来看看。"人非草木，熟能无情？当你听到这样的话语时，你能不倍感亲切吗？

3. 突出一个"尊"字

车至洪湖市境内，大幅欢迎标语即映入眼帘，宾馆内外、会内会外，从生产基地到洪湖游艇，无时无处不洋溢着对股东的尊重。尤其是瞿总在致开幕词时说"各位股东、各位领导"，把股东置于第一位，使所有股东感到无比的尊严和振奋。一个"尊"字，不仅体现了蓝田老总们"股东观念"的升华，也使股东们的"股东意识"得到提高，自身价值得到肯定。

4. 立足一个"实"字

洪湖有多大？鱼儿有多肥？鸭子为什么会飞？万亩野藕基地是实还是虚？利润有没有水份？……面对股东和媒介的种种疑惑，蓝田采取了最实在的办法：请大家到现场去看、去问、去算帐。结果所有疑惑一扫而空，深信投资蓝田就是发财，许多原本准备抛空、放弃配股的股东纷纷表示要加码买进，"1只鸭子＝2台彩电"的谚语也成了股东投资信心的象征。

5. 遵守一个"信"字

有一个插曲：在会务登记时，经办人员将股东的路费补贴改为按单程车（机）票的2倍计发，最多以300元为限。此事立即引起股东们的纷纷议论，很快传到了瞿总那里，瞿总马上指示按公告办事，不得随意改变，从而避免了一次信任危机。股东大会上瞿总讲道："我老瞿讲的话，一句假话都没有。要办的事，没有一件事没办成。有1%虚假，你们找我。

请你们相信蓝田,相信老瞿。"话到情到,既然瞿总以信为本,股东们自然也就放了心。

三天时间虽短,但无论是股东还是传媒、券商和中介机构,都带着对蓝田人的深情,对蓝田公司美好前景的憧憬和对洪湖碧波的美好记忆回到各地,而把信任和赞美留在了蓝田。

【案例3】中国教育,拜托了!

案例原文:

1992年9月12日,在人民大会堂隆重举行了四通公司资助中国科学奥林匹克代表颁奖大会。四通公司总裁段永基与会代表们诚恳地说:"企业界向教育界说,'中国教育,拜托了!'"身为高科技企业的四通公司深深认识到,企业的竞争说到底是人才的竞争,人才哪里来?这就需要教育源源不断地输出新人才。基于这种认识,四通公司在最近几年中,大力支持中国教育事业,采取了一系列道义举措,开展了很多赞助教育的典型的公共关系活动。

——大力支持首都的教育事业

其一,1989年,四通得知曾为我国培养出大批人才的北京八一中学在办学经费上有困难时,当即决定每年资助25万元,截至1993年底,已累计捐资100万元。其二,在每年捐资八一中学的同时,还出资数万元支持北京中关村三小的教育事业。其三,为了让青少年都能关心国家大事,四通独家出资与新华社、北京电视台、北京晚报联合举办了五届"国际十大新闻"评选活动;每年都举办一次北京市中小学计算机程序设计大奖赛。

——独家发起并完成对奥林匹克学科竞赛的赞助

1992年,又一年度的竞赛结束了,中国选手又取得了"大满贯"的绝好成绩,但选手、教练及各代表队的状况却十分窘迫。四通人看在眼里,急在心里,于是决定"尽一点微薄之力",独资完成对中国代表队的赞助。公司向集团的全体同仁发出了自愿捐资的号召,得到了热情支持。仅在48小时后,就收到集团所属企业和个人的捐资达30余万元。随即四通把这批捐资以社会上称为"非常恰当的方式"对中国竞赛队全方位赞助:①为4个学科代表队所有的选手提供读大学的助学金,每人每月200元,直到他们大学毕业;②为每个队提供1万元资金以奖励教练员;③为每个队提供2万元培训费;④赠送信息代表队4套386微机及打印机,为培养新选手提供设备。

——向"希望工程"献爱心

在"希望工程"的捐款中,四通是首家突破10万元的企业。1990年,"希望工程"刚刚开始实施时,四通也正处于投资发展的关键时期,资金并不宽裕,但他们仍拿出100万元支持"希望工程",其中有10万元用于革命老区大别山,在湖北罗田县落梅河畔建成了一所有电化教室、图书馆、仪器室、化学试验室、陈列室和活动室的新型学校,使山区的孩子们实实在在地走进了"希望"。四通的做法,推动了企业界向教育界的投资行动,对"希望工程"的实施起到了带头作用。

基于四通集团多年来热心教育的义举,1993年北京市人民政府授予四通集团公司董事长沈国钧、总裁段永基、执行副总裁李文俊"支持教育奖",以表彰四通对中国教育事业做出的积极贡献。

案例分析:

四通集团热心教育的一系列道义之举,说明了公共关系的许多基本原理,我们从中可以得到很多启示:

1. 公共关系必须以社会效益为依据

社会效益，既包括社会组织的自身利益，也包括整个社会公众的利益，是这二者根本利益的总和，是立足于整个社会而言的。四通的所作所为恰恰符合了公共关系的这一基本原则。因为在我国，提倡优先发展教育，决不是一个空洞的口号，首要的问题就是向教育投资，提高教育质量，这也是目前中国最大的社会效益。从这个角度看，任何一位公民、一个企业或其他任何一个社会组织，都应从民族的长远利益出发，承担起一份责任，象四通那样"尽其微薄之力"。只有如此，才能说一个社会组织真正关心了整个社会的综合效益，也才能获得社会公众的认可、赞赏。四通人对此看得十分清楚，正如执行副总裁李文俊所说：四通尽了自己的努力，我们觉得对得起中国的孩子，对得起民族，对得起这块土地的未来。

2. 公共关系贵在持之以恒，踏实肯干

国外有位公共关系专家曾说过，公共关系百分之九十靠自己干，百分之十靠宣传。四通正是做到了这一点。作为一个企业，能数年如一日，执著地资助教育，不张扬，不追求轰动效应，确实难能可贵。从支持首都的教育事业、赞助奥林匹克竞赛，到捐助"希望工程"。四通人的着眼点只有一个，那就是在公益活动中"立足教育，着眼未来"，踏踏实实，默默无闻地为教育做实事、做好事。这是公司决策层的共识，也是公司全体同仁的共识。从公共关系角度看，这恰恰是"道是无声胜有声"。

3. 公共关系必须争取各方公众，从而树立组织的良好形象

尽管四通的着眼点在于为教育办实事，不张扬、不追求轰动效应，但从其实际效果看却实现了公共关系的一般目标，即树立了社会组织的良好形象。首先，四通在受益公众中树立了良好形象。这可以从四通对革命老区罗田县的捐助效果得到验证：作为地处革命老区的罗田县，属于贫困山区，资金困难，教育经费不足，校舍破烂不堪，正是"风来洞若凉亭，雨来则渗如滴漏"。但通过四通的赞助，建立了一所现代化的学校，使孩子们真正走进了"希望"。这种变化当然会使当地人民兴奋不已、感激不尽，所以罗田人民也就经常念叨四通，感激四通。县里的干部出差进京，会到四通串个门，四通人去了罗田，孩子们又像迎接亲人般夹道欢迎。其次，四通在整个社会公众中树立了良好的形象。中国的实际表明，教育事业迫切需要得到社会各界的大力支持，作为四通，坚持数年，花如此大的力气从各方面大力资助教育事业，自然会使社会公众联想到：四通的确是一个真正为社会谋福利、对中国的前途和未来负责的企业，是一个有高度的历史责任感、社会责任感的企业。1993年北京市政府（这是能代表社会各界公众的一类公众）授予四通"支持教育奖"便是最有力的佐证。

4. 企业组织公益活动的开展必须选准适合自身的对象公众

四通作为高科技企业，与教育有不解之缘。而在中国，教育所处的战略地位和现状又偏偏需要给以大力支持。四通对此认识得相当清醒，自己的公益活动的对象公众主要就是教育，因此，他们舍得在教育上花钱，十年来，总投资已达300万元。当然四通人也深知钱来之不易。因此也就经常谢绝歌星、影星的演唱会捐助等等。执行副总裁李文俊说得好："今后我们一如既往，继续把根扎在教育、培养人才上。有了人才，什么样的目标不能实现呢？"我们相信这句话的深刻和力量。

【案例4】有奖征集广告语"蓝房"扬名销售旺

案例原文：

"蓝房"，是指浙江省温州市蓝房装潢工程公司。该公司为什么取名为"蓝房"？总经理赵家尧说："大海是蓝色的，天空是蓝色的，蓝色给人以美的享受。我们的服务宗旨，就是美化人们的生活环境。所以，公司采用了这个既有象征意义，又琅琅上口的名字。"

"蓝房"愿意帮助人们美化生活环境，可是，在蓝房公司于1984年4月开业后的几年间，温州市民光顾蓝房公司者并不多。蓝房公司的生意清淡，月销售额只有11万元，连本都保不了。这是因为什么？是"蓝房"出售的家具太豪华顾客买不起，还是质量不佳顾客不愿买？蓝房公司派人对消费者进行调查，得知商品是对路的，问题在于公司的知名度和美誉度还没有达到较高层次，许多人不知道蓝房公司的大名，不了解商品的质量情况。于是，蓝房公司向温州市民们发起了宣传攻势。

蓝房公司首先拿出的一招，是在《温州日报》上登出广告，向全市公开征集广告语，并进行评奖。其效果不错，吸引了机关干部、教师、工人、农民、个体户等各阶层人士，一个月内就收到应征的1117条广告语。冶金机械厂一名工人撰写的广告语是："虽得广厦千万间，还须蓝房来装潢"。这条广告语在评选时荣获一等奖。通过这次活动，蓝房公司的知名度大大提高。

蓝房公司接着又拿出另一招，开展"为您的居室免费设计咨询活动"。蓝房公司拥有温州市第一流的设计师。他们在接受顾客咨询时或者当场根据顾客住房结构画出设计图，或者上门实地观测后再行设计。蓝房公司由此一下子门庭若市。许多顾客拿着设计师特地为他们设计的图纸，愉快地买走了称心的家具。

蓝房公司的公关宣传活动，收到了显著的效果，取得了温州市民的普遍好感。前来"蓝房"家具商场买家具的人，越来越多了。即使在家具销售的淡季——夏季，高档的真皮沙发照样有人买，中档组合家具照样一套一套地被顾客搬出门。1990年1至7月份，总销售额达到220万元，比1989年同期增长近1倍，比前几年增长就更多了。

案例分析：

温州市蓝房装潢工程公司，为了提高自己的知名度，采取有奖征集广告语和免费为顾客做居室设计咨询的公关宣传手段，取得了很好的效果。

为什么采取有奖征集广告语的手段，能够收到较好效果？这是因为，此种活动对广大公众有吸引力，许多有文化的人，都想借此来显露自己的才华，故参加者较多；此种活动又是"有奖"的，当然，也有些人是抱着获奖的期望而积极参加的。而那么多的参加者为了写出广告语，首先都需要了解"蓝房"，所以，"蓝房"的知名度自然也就大大提高了。

为什么采取免费为顾客做居室设计咨询的手段，也能收到较好效果？这是因为，每个人都想把自己的家布置得美观大方，他们除了自己动脑筋构想之外，还想再听听专家们的意见。"蓝房"公司热情地为顾客提供设计咨询，而且还是免费服务，这既能吸引广大公众，又能使他们对"蓝房"产生好感，如此一来，"蓝房"的知名度和美誉度当然也就大大提高了。

【案例5】 七次登门修把手

案例原文：

北京市家具公司业务科接到一位顾客的电话，反映他在去年买了一件北京友谊木器厂生产的组合柜，玻璃柜门拉手不灵，公司当即答应上门维修。第二天下午，因为车多拥挤，维修工人晚到 40 分钟。客户一生气，锁门走了。第三天，又约维修工人准时赶到他家，这回，用户却不在家。维修工人留下便条，约定再来时间。结果，又扑了个空。直到维修工人第七次上门，才遇到主人。这位"上帝"十分感动地说："你们售后服务真是真心真意，这回我算是折服了。"

北京市家具公司把售后服务当作占领市场的重要手段。结果，1990年上半年公司销售额就比上年同期增长 1/3。

案例分析：

开放的信息社会，使各家产品、品种、款式上的差距越来越小。要想在群雄角逐中胜人一筹，就看销售服务和售后服务的水准了。有识者称之为"第二次竞争"。对于企业家来说，这又是一次生存与发展的宝贵机遇。

当然，售后服务不能停留在口头和广告的许诺上，而要见于真心实意、实实在在的行动中，就像北京市家具公司这位维修工人所做的那样。

七次上门，仅仅为了修一个门把手，值得吗？

那么，谁又能说出这个事例见于报端、流传于公众中所产生的积极效应，能用多少金钱买到？

公共关系立足的是长远，着眼的是企业良好形象的建立。形象是宝贵的财富，而形象又在公众心目中。

【案例6】"重金买名画，只为做广告"

1986年以来，日本资金大量涌入国际绘画市场，并创造一个又一个令人眩目的纪录。首先是日本安田海上火灾保险公司（以下简称"安田公司"）以53亿日元买走了梵高的名画《向日葵》，随即是日本"三越"集团以47亿日元使毕加索的《琴师和小丑》易主。不久，莫奈的名画《睡莲》也被运到日本，成为"西武"集团的囊中之物。

日本企业的购画热，使一些欧美国家人士感到吃惊。一位法国画商说："他们懂什么艺术，只不过有钱罢了。"《向日葵》在日本的命运证实了他的话。当安田公司在办公大楼展出这幅名画时，每天吸引两万观众。但是，这家公司的目的却在扩大企业名声，并不失时机地推出新的保险项目——"儿童保险"，其成交额大大超过预期的目标。大众传播媒介也替安田公司做了一次免费宣传。据一家广告代理商估计，《向日葵》带来的广告效益至少达二千亿日元。

安田公司的成功使许多日本企业纷纷效仿，例如朝日啤酒公司1986年只有三十多件艺术品，而且大多出自不知名的作家之手；从1988年开始，该公司投入几十亿日元购买了毕加索、卢奥、莫奈、高更等名画家的佳作，从而使公司在日本企业形象的评比中一举跃入前十名。

一些中小企业也在打借画扬名的主意，但苦于资金不足，于是，绘画租赁公司应运而生。"艺术租赁系统公司"是东京最大的绘画租赁公司，藏有上千幅画和艺术珍品。每当一些企业举办商业活动时，他们都要根据活动的主题向该公司出租名画。几年来，这家公司的业务活动遍及全国。

日本广大美术爱好者对绘画艺术的商业化倾向颇有微词，纷纷指责企业把高雅的艺术作品"搞成赚钱的商品"。

问题：谈谈"名画"效应所包含的公关理论与技巧。

【案例7】"奥迪汽车诞生记"

1986年，耿昭杰带领第一汽车制造厂的考察团到美国底特律克莱斯勒公司考察发动机造型。

后来，一汽经过谈判引进了克莱斯勒轻轿结合的发动机后，顺理成章也准备引进克莱斯勒的车身。总经济师、谈判能手吕福源带代表团重返底特律时，克莱斯勒公司的态度来了个180度大转变，条件非常苛刻，要价非常高昂，用吕福源的话来讲，是天方夜谭的数字。

谈判无法进行，吕福源毅然率团返回。回来后才得知克莱斯勒公司早已获得了国家批准一汽要上轿车的信息，所以觉得无论怎样苛刻的条件一汽也得就范，非克莱斯勒一汽就一筹莫展。

耿昭杰毅然决定中断与克莱斯勒的谈判。

这当然带有很大的冒险味道，但是耿昭杰宁肯咽下自己酿的苦酒也不能让别人掐脖子。真是天无绝人之路，就在这时，前西德大众公司董事长哈恩博士到一汽进行礼节性拜访。

哈恩来到一汽，仿佛发现了新大陆一样惊喜："喔，上帝，中国还有这么大的一个汽车工业基地，为什么没有早发现呢？"

他与一汽一见钟情，他对耿昭杰礼节性的拜访引发了合作的前奏曲。

会见时哈恩博士频送"秋波"，耿昭杰并非无动于衷，但是他有个顾虑，未来轿车的发动机是克莱斯勒公司的生产线，这已成为定局，要过来的媳妇退不回去了。如果与大众合作，只能要它的车身和整装技术，作为具有世界一流生产技术水平的"大众"能接受这个美国"媳妇"并与她结合为一体吗？

耿昭杰把这个试探性的气球放了出去，不料哈恩博士欣然接受了。他以外国企业家特有的坦诚，当然还有精明，慨然允诺，临走时说了这样一段话："我们希望与一汽创造一个良好合作的先例。如果厂长先生有诚意，4个星期后请您去朗堡我们大众汽车公司所在地，我们将在那里非常高兴地接待您。"

4个星期过去，一汽总经济师吕福源身负重任飞赴朗堡。

到那一看，大众汽车公司已把克莱斯勒公司的发动机装进了奥迪的车身，这车身是为装配克莱斯勒发动机而特意加长的。

大众合作的诚意和效率可见一斑。

吕福源飞赴朗堡的信息立刻反馈到底特律，克莱斯勒公司总裁艾柯卡感到了这一信息的压力和内涵，立刻通知有关方面人士把和好的手又伸过来："如果一汽和我们合作，将象征性的只收一美元技术转让费……"

此时一汽已由山穷水尽的途境变成货比两家的主动位置。

经过反复论证和比较，一汽终于选定大众为合作伙伴。

1988年10月，美国汽车工业巨子艾柯卡飞抵北京。

在北京人民大会堂，艾柯卡举办了一场题为"世界经济新形势下的企业家精神"的报告，在这个讲话里，他有一段话使人惊诧："我们的教训是进一步了解世界市场。以前，我只想到与通用、福特公司竞争，没想到和日本、南朝鲜人竞争，我错了；以前，我认为最优秀的汽车设计总是底特律的，我错了；以前，我认为落后美国几代人的国家是不可能追上来的，我错了；以前，我认为企业家精神只是美国人的精神，我错了……"

艾柯卡离开中国前专门提出要去长春看看一汽,看看耿昭杰。

艾柯卡来到了一汽,耿昭杰陪着他参观了一汽。

在欢迎也是欢送艾柯卡的宴会上,艾柯卡举杯对耿昭杰说:"用我们美国人的话说,你天生是干汽车的家伙。你和我一样,血管里流的不是血,而是汽油……"

经过两年努力,装有克莱斯勒发动机的奥迪在中国备受青睐。

复 习 思 考 题

1. 请分析"一汽"、"克莱斯勒"与前西德"大众"公司三方谈判的策略,他们各自的成功之处、风险之处以及经验。

2. 分析谈判涉及到的三方的心理状态,谈谈谈判者应具备的素质。